Christian Ferber
Ein Buch könnte ich schreiben

Christian Ferber

Ein Buch könnte ich schreiben

Die autobiographischen Skizzen
Georg Seidels (1919 – 1992)

Mit einen Nachwort von
Erwin Wickert

WALLSTEIN VERLAG

Die Deutsche Bibliothek – CIP-Einheitsaufnahme

Ferber, Christian:
Ein Buch könnte ich schreiben :
die autobiographischen Skizzen Georg Seidels (1919 – 1992) /
Christian Ferber. Mit einem Nachw. von Erwin Wickert. –
Göttingen : Wallstein-Verl., 1996
ISBN 3-89244-227-4

Vw: Seidel, Georg [Wirkl. Name] → Ferber, Christian

© Wallstein Verlag 1996
Gesetzt aus der Janson von
Utesch Satztechnik GmbH, Hamburg
Umschlag: Tuna Çiner
Druck: Hubert & Co, Göttingen
ISBN 3-89244-227-4

Inhalt

Ein Buch könnte ich schreiben

Wo ist Trost in Dunkelheit und Dämmerung, wenn nicht sehr frühe Morgenglocken Adieu sagen der eben vergangenen Zeit? Allein der Kuckuck ruft diesen trockenen Mai, diesen Juni schon beim ersten Licht. Anders hat er früher gerufen.

Er sagt nicht mehr, wieviel Zeit mir noch bleibt, ruft und ruft und ruft ohne Ende. (Lohnt es da noch, Münzen anzufassen, sobald er schreit?) Die Jahre zählt er auf, die mir beschieden gewesen sind bis heute früh. Sagt wohl auch: Hat das denn nicht genügt? Und sagt: War es nicht schon genug, als du dies und als du das...? Fragen, bekanntlich, kostet nichts.

Auch ein Kuckucksleben ist nicht frei von dunklen Punkten. Zwar, Brutschmarotzer gibt es selbst unter den Stärlingen: Gleich zwei oder drei Eier in die Nester von Finken oder Drosseln legt des Kuhvogels Weib. Jung Kuhvogel nach dem Ausschlüpfen aber ist dankbar seinen Bruteltern, benimmt sich ohne Tadel. Nie schmeißt er aus den Nestern kleine Finkeneier oder eben geschlüpfte Drosselbrutgeschwister. Jung Kuckuck tut das unweigerlich, und grundsätzlich, und brutal, und aus Urtrieb.

Dann frißt und frißt Jung Kuckuck, was die Pflege eltern nur anschleppen können. Bald füllt er das ganze von ihm rechtzeitig geleerte Nest.

Dann fliegt er weg, ist niemandes Freund, auch nicht von anderen Kuckucks, und ruft aus dem Wald. Alle Menschen glauben ihm, ich auch.

Wahrhaftig, ein gutes Vogelhandbuch ist für jeden Haushalt fast so wichtig wie Dornseiffs *Deutscher Wortschatz nach Sachgruppen*.

*

Seit ein betagter Chirurg Georgs Brustkorb geöffnet hatte und ihm knapp ein Viertel der Lunge entnommen (nichts Böses im Gewebe fanden die Pathologen), wurde der Patient unruhig und wach in den frühen Morgenstunden. Wenn er nicht aufstand und an das geöffnete Fenster sich setzte, badete er liegend in lauwarmen Wunschphantasien: teils, um sich abzuschirmen gegen die Schlaflosgedanken vom letzten Streit, vom letzten Fehler, vom Finanzamt – teils in der Hoffnung, sein Organismus würde des Schwachsinns genügend sich schämen, um betreten in Schlaf zu sinken.

Georg machte es aber auch Spaß, in den Sattel sich zu träumen eines schimmernden Rappen, im gestreckten Galopp und im Flug über Zäune und Hecken, später dann beim Einritt in behäbigen Besitz mit Stall, und das schwarze Tier samt Reiter stets flankiert von zwei flammend roten Chow-Chows, diese entsprungen Georgs Wirklichkeit, jedoch für das Phantasiebild reichlich grausam heruntergestuft. Zuviel Persona haben gesunde Chows, Baumbären sind ihre Ahnen und Wölfe, um ein anderes Tier zu flankieren. Auch sind sie nicht so töricht, öfter als einmal über die Langstrecke sich zu versuchen am Tempo eines galoppierenden Rappen.

Dann und wann nach dem herbeigeträumten Ritt hat Georg den prachtvollen Gaul angebunden nahe der alten Dorfkirche, hat ihn zurückgelassen mit majestätisch hingestreckten Chows auf Wacht, hat drinnen sich gesetzt an die Orgel, seine Füße gelockert für die Pedalstimmen, hat mächtig gelangt in die Manuale eines immerhin Friderici-Instruments: um nach Carissimis Noten zu tändeln, um stets von neuem Samuel Scheidts *Tabulatura nova* zu erproben, an Regentagen auch Johann Sebastian, falls Georg nicht just verlockt sich fühlte, Kurt Weill ins Streckbett zu nehmen aller acht Oktaven. Draußen lauschten der Rappe und gelegentlich einige Bevölkerung. Dann und wann wurden sogar Traktoren abgestellt.

Georg war unmusikalisch, und dreimal im Leben hatte er auf Pferden gesessen, Ackergäulen in Yorkshire. Noch ein paar andere Heroenbildchen hütete er in Reserve, den Schlaf anzulocken – etwa sich selbst als eine Sorte von gemeinem Soldaten, die jedermann überlegen ist durch federnde Intelligenz (als ob Intelligenz etwas vermöchte gegen Oberleutnants, geschweige denn Feldwebel), eine Vorstellung fern von jeder historischen Wirklichkeit. Peinlich geile Schößlinge waren Georgs Kopfgeburten aus jenem tief eingebetteten Trivialwurzelwerk, das jedermann braucht, um Dasein zu bewältigen; so wichtig ist es wie Stuhlgang und so wenig wie jener ein Gesprächsgegenstand.

Gleichwohl, nach vielen Monaten mit erzwungenen Nachtwachen und nun im Jahr seines siebzigsten Geburtstags, mußte Georg einsehen, daß alle Phantasien dieser Sorte ausgelaugt waren und so nutzlos wie ein Bestseller vom letzten Herbst. Weder machten sie ihn einschlafen, noch mochte er wach sein mit ihnen. Süchtig nach Tatsachen war er geworden, lüstern auf Wirklichkeit, auch wenn wenig aufregend sie sich darbot. Bescheidene Träume schloß das nicht aus. Georg beispielsweise, breit, korpulent, kurz und blond wie er war, sah immer noch sich am liebsten als lang, knochig und dunkel im Pigment – und ähnlich ging es ihm mit den nun bald sieben Jahrzehnten in seinem Besitz – nun ja, er ehrte sie, doch ohn' Verlangen und Hochachtung. Stets hatte er Respekt gehabt vor Mitmenschen, die von sich sagten, ein Buch könnten sie schreiben, fänden sie nur die Zeit dafür.

Zwanzig Minuten vor vier an einem milden Morgen im Mai keckerte der Fasan in Ursulas und Georgs Lorbeerhecke. Als mindestens so brauchbar hatte dieser Schlafgast sich erwiesen wie eine Gans auf dem Kapitol; niemand bewegte unbekeckert sich bei Dunkelheit in diesem Garten, es sei denn, der Fasan ruhte sich aus beim Nachbarn. Manchmal keckerte er nur für alle Fälle. Seit Chow Tamerlan tief in der Erde schlief kaum zehn Meter entfernt von Georgs Bett, dachten Katzen, sie könnten. Fasanenalarm vertrieb Georg das Dösen. Am Tisch vor dem offenen Fenster hockte er, die Lungen gefüllt mit der feuchten Nachtluft von

West Sussex. Hin und her gerollt hatte er die Frage, wie er ausreichend Attraktion seiner erinnerten Wirklichkeit ablocken könnte, um in Schlaf zu fallen mit diesem oder jenem Bild. Er glaubte es nun zu wissen und wußte auch, daß ihn fror und wie müde er war. Er raffte sich auf, kroch unter sein Federbett, wartete außer Atem, daß er warm würde, und auf eine Woge Schlaf, die ihn mitnehmen könnte.

Es schien plötzlich so einfach, sich anzufreunden mit erinnerter Wirklichkeit. Noch frierend stellte er sich vor, mit knapp dreißig Jahren wäre er sitzen geblieben an seinem Schreibtisch bei R. Piper & Co. in der Georgenstraße. Mehr als zwei Jahre hatte er daran verbracht und war nun geprüfter Gehilfe in der Branche Verlagsbuchhandel. Auch fortan, malte er sich aus, die nächsten vier Jahrzehnte lang hätte er dem Hause als Lektor gedient, nicht besonders begabt für diesen delikaten Beruf, aber auch nicht ausgesprochen unbegabt – selten betraut mit wichtigen Aufgaben, doch leidlich wichtig schienen seine ihm auch, *Unser Fels in der Brandung*, wie Klaus Piper gelegentlich bei Anlässen gesagt haben würde, und ein Schwabinger wäre Georg geworden, vielen ein leidlich vertrautes Gesicht, das niemand so ganz unterbringen konnte, und wäre stets anwesend gewesen bei Dichterlesungen im *Tukan Kreis*. Das war durchaus denkbar und wahrscheinlich und war ehrenwert, und wäre sehr freundlich gewesen vom Hause Piper. Als Georg mit seinen Vorstellungen so weit gelangt war und just Ingeborg Bachmann die Hand geben durfte oder später auch Yehudi Menuhin, fror ihn kaum noch. Einen Halbschlaf-Seitenblick widmete er seiner vernachlässigten und unordentlichen Sammlung privater Denkwürdigkeiten. Dermaßen attraktiv fand er sie plötzlich, daß um ein Haar er ganz wach werden wollte und hätte ein Buch schreiben können, und schlief dann ein mit Genuß.

*

Ein Muster bin ich an Selbstbeherrschung. In aller Ruhe hat F. ausreden dürfen, und weiß der Himmel, das habe ich gern: ein F., der sich vertraut gebärdet mit jeder Falte meines Innenlebens. Ein F., der zudringlich intim mich immer gleich *Georg* nennt, unempfindlich für meine Neigung zur Distanz nebst einem netten Nachnamenverhältnis. Aber so ist F. immer gewesen, eingesiegelt in sein seelenruhig stures Selbstvertrauen. Herr F. kann nicht danebengreifen, nicht wahr, und beplaudern darf er alles über Georg, einschließlich nächtlicher Ängste, Zweifel und handkolorierter Halbträume. Gewiß, die habe ich allesamt, wer wohl hätte keine, doch da kommt es auf Nuancen an, auf Windrichtungen und Luftfeuchtigkeit, auch auf den Duft der Tabakpflanzen unter dem Schlafzimmerfenster, will sagen, so manchen Monat lang duftet da nichts, und dann ist alles ganz anders. Das ist F. natürlich egal, denn schließlich, es handelt sich nur um mich. Dabei ist F. mein Geschöpf, und jeden Tag, mal theoretisch gesehen, könnte ich ihn abschaffen.

(Ich sollte ihn nicht abkürzen. F. erinnert zu stark an K., und das würde sehr nach Größenwahn schmecken.

Meine Generation hat K. inhaliert wie keine andere. Warum erst meine, werde ich nie ganz begreifen, K. ist schon 1924 gestorben und offenbar zunächst verschlafen worden; bei unsereinem im reifen Nachkriegsalter strahlte er aus, und wenn in den Fünfzigerjahren fünfzig geistige Menschen ihn ausführlich erwähnten untereinander, Schriftsteller etwa und Kritiker, wenn sie tagten als *Gruppe 47*, dann hatten mindestens fünf von ihnen etwas von ihm gelesen.)

Was Ferber da schlankweg sagt über mein Interesse an meinem Dasein, das ist nicht geradezu falsch, stimmt aber nicht. Jeder Mensch interessiert sich für sich selbst und sucht sich andere Menschen, um sie anzuöden mit seinen Erlebnissen. Gut und schön, solange das im Familienkreis bleibt. Familien sind dazu da, ihre Mitglieder aneinander leiden zu machen. Wer aber nicht verwandt ist mit dem Langweiler, der gähnt und rebelliert. Ferber begreift das nicht. Immer denkt er sofort an Publikation – nun ja, wenn Ferber nicht im Druck erscheint, existiert er nicht. Existenzangst macht vorlaut. Hätte ich das bedenken müssen, als bedenkenlos ich ihn in die Welt gesetzt habe? Bei deutschen Behörden heißt das *Künstlername*, was so schmeckt wie *Der große Pomposo*. Franzosen und auch Briten kommen der Sache näher mit *Nom de plume*. Aber wie immer man einen Namen bei Namen nennt, etwas fatales Eigenleben sprießt am Ende aus jedem, und ich gebe zu, stets habe ich Ferber mir groß vorgestellt, mager und brünett. Er hat darauf sich nicht beschränkt. Persönliche Wesenszüge hat er sich angeeignet, und nicht durchweg die besten. Jetzt nach kaum vier Jahrzehnten wird er plump vertraulich, so als wären wir viel länger zusammen unterwegs.

Aber was weiß er von der Kronenstraße und Tschudowo und Monbijou und Moulins und von den Ringelnattern in Prerow und dem heiligen Rasso und Schondorf und Onkel Willy und von den 5014 Dosen Schmalzfleisch? Nur, was ich ihn habe wissen lassen. Aus erster Hand kennt er nicht mal Reichsmark oder frische Ruinen. Selbst meine Schulwege könnte er nicht finden – ich allerdings auch nicht mehr. Keine U-Bahn fährt jetzt von Kaiserhof nach Wittenbergplatz, und die Häuser der Lutherstraße sehen anders aus als zu meiner Leselernzeit. Später dann der Weg durch Kronenstraße, Mauerstraße, Friedrichstraße und rechts einbiegen in die Kochstraße, das Gymnasium namens *Friedrich Wilhelm* mit Sitzenbleiben in Quarta – da ist Neubauwüste, kein Gymnasium mehr, und *Checkpoint Charlie* ersetzt mir nicht das Schaufenster vom *Zauberkönig*, gefüllt mit magischen Ringen, unerschöpflichen Krügen und mit Büchern, deren Titel mich genüßlich schuddern machten, *Hypnose und Suggestion* oder *Geheime Mächte*. Auch der Weg zum *Grauen Kloster*, Wiederholung der Quarta und um ein Haar nochmal sitzengeblieben, er ist nicht mehr zu finden, so wie ich ihn gegangen bin während des U-Bahn-Streiks Ende Zweiunddreißig, veranstaltet von Nazis und Kommunisten gemeinsam. Nur unter der Erde waren sie einig, auf ihr kloppten sie sich in der Wallstraße vor dem Laden mit der billigen Borkenschokolade. Im Keller nebenan wurde jede Menge Affenjacken, Lederzeug und Dolche verkauft für jede Menge

Parteien, aber mir hat keiner was getan, nicht am Spit-
telmarkt und nicht am Alex. Von solchen Sachen hat
Ferber wenig Ahnung.

Zum Beispiel auch vom Berliner Morgengeruch damals im Dezember, wenn es noch dunkel war, und ich
kam aus der Haustür und trödelte los, alles noch geschlossen und sogar die Friedrichstraße ziemlich still,
nur Haberlandt in seinem Keller hatte schon auf, da
hockte er zwischen dem Sauerkrautfaß und dem Loch
zu der Höhle, in der die Kartoffeln lagerten, auch das
ein Morgengeruch, aber allein für Haberlandt. Meiner
draußen im Freien kam vom ersten Rauch der Briketts,
die unsere Erna und alle anderen Ernas jetzt frisch in
die Kachelöfen schoben. Das roch sehr schön. Es blieb
diskret, denn oben am Himmel die Schornsteine waren
weit weg. Ein Dutzend Jahre später haben dort die
Häuser selbst gebrannt, das hat nicht so schön gero-
chen. Da bin ich aber woanders gewesen.

Ausgeprägt sind alle Gerüche von Berlin. Das
kommt vom Sand, auf dem die Stadt gebaut ist. Das
kommt vom Wasser in ihr und um sie herum. Das
kommt von der Luft, der berühmten. Das kommt von
dem ausgezeichneten Gedächtnis aller Berliner Nasen.

*

Mit einer Eberswalder Nase zur Welt gekommen ist
Georg am Reformationstag 1919. Gegen sie war nichts
einzuwenden, so wenig wie gegen fast alle anderen
Körperteile von Georg. Sein rechtes Bein war etwas
kürzer als das linke; wäre ihm das klar gewesen, er hätte

zwei Jahrzehnte später, wäre er zu Wort gekommen, den Oberstabsarzt darauf hinweisen können, der ihn als infanterietauglich musterte. Ein Rankwerk der Konjunktive über verpaßten Gelegenheiten wuchert in jedermanns Dasein.

Gleichwohl, Georg ist geboren worden unter einer Glückshaube. Auf dem Dach des Hauses stand just ein Schornsteinfeger. In der Hauptkirche Maria Magdalenen ließ Georgs Vater die Glocken läuten; nicht Georgs Geburt galt das, sondern dem Gedenken an Dr. Martin Luther, an seine Thesen, seinen Hammer und sein Gespür für Breitenwirkung: zu Allerheiligen am nächsten Tag besuchten die Kirche zu Wittenberg vorwiegend lesekundige Gläubige; einhalten würden sie an der Tür und Thesen lesen. Seinen Schornsteinfeger verdankt Georg dem preußischen Stil: Anders als in Bayern wird in seinem Bereich an Kirchen-Feiertagen nicht auch noch gefaulenzt.

Eberswalde, gelegen nordöstlich von Berlin, damals bekannt für seine Wälder nebst Forstakademie, auch für das Schmalzgebäck *Eberswalder Spritzkuchen*, war neuerdings liebevoll ins Gerede gekommen als die erste Sowjetrepublik auf deutschem Boden, mit täglicher Befehlsausgabe an gesellschaftlich relevante Kräfte, also auch an Georgs Vater: Jenosse Meier jestern Todes verblichen. Bei Grablegung wird Jesangverein mit schwarze Schleefe sich einen Trauerkantus entschlüpfen lassen. – Die Republik, abgeschnitten von der übrigen Welt, ging bald zu Grunde an Mangel von Mehl, Marmelade und studierenden Söhnen reicher Eltern. Märkische Lysistratas verhauten ihre Funktionärsgatten.

Truppen wurden nicht benötigt. Das Ende kam mit den Worten des roten Chefs: Ick jlobe, ick mach mir dünne. – Eberswalde ist eine liebenswerte Stadt. Das hat ein Vierteljahrhundert später leider auch die Rote Armee herausgefunden. Sie zog nicht nur ein. Sie blieb.

Georgs Vater war Pfarrer an der alten gotischen Kirche Maria Magdalenen. Ihm vorgesetzt war ein Geistlicher, der allen Ernstes *Herr Oberpfarrer* genannt wurde, verheiratet mit *Frau Oberpfarrer*, aber das waren sonst ganz nette Leute. Frau Oberpfarrer meisterte bisweilen das rechte Wort zur rechten Zeit. Als einmal der dreijährige Georg sich gräßlich benommen hatte und fortgeschafft worden war zu anderen Leuten, sprach sie träumerisch nach einiger Zeit: Jetzt freuen sich Jonassens an ihm... – Georgs Vater, Sohn des Ingenieurs und Autors Heinrich Seidel (*Leberecht Hühnchen*), hieß Heinrich Wolfgang S. und schrieb Erzählungen und Romane. Georgs Mutter war seine Cousine, hieß darum schon vor ihrer Hochzeit Ina S., und schrieb Gedichte, Erzählungen und Romane.

Zur Zeit von Georgs Geburt arbeiteten beide an Romanen über einen Georg oder doch George, *George Palmerstone*, Held von Heinrich Wolfgangs Roman, und Georg Forster, historische Zentralfigur in Inas Roman *Das Labyrinth*. Georgs Mutter war ein sehr tätiger Mensch, doch nicht ganz die Sorte Person, die jedermann sich vorstellt unter einer evangelischen Pfarrfrau. Übel genommen hat ihr das niemand: Aus ihrem ersten Kindbett, elf Jahre vor Georgs Geburt, hat sie erst nach Monaten aufstehen können mit einer steifen Hüfte, durch das Zimmer sich schiebend an zwei Krücken. Einen Stock hat sie auch später nie entbehren können. Am besten aufgehoben war sie an ihrem Schreibtisch, Aussteuer 1907, Kirschbaum, groß genug allenfalls für Gedichte, doch sie hat ziemlich dicke Bücher daran geschrieben – zuletzt, ehe sie sich ein kleines Haus erlaubte mit einem großen Schreibtisch, den Roman *Das Wunschkind*.

Sehr peinlich ist es Georg stets gewesen, wenn dieser Buchtitel ihm aufgenötigt wurde als Bezeichnung seiner Person. Selbst ein sonst gescheiter Mann wie Verleger Ledig-Rowohlt hielt das für goldenen Humor. Er ist das Wunschkind, hat er gesagt und Georg präsentiert der lebenden Legende namens Tania Blixen. Mit Fassung trug es die Baronin. Georg schäumte still vor sich hin. Die weise alte Dame bemerkte es und gab sogleich den Gesprächen eine andere Richtung: Dringend verlangte sie nach Beluga zur Teezeit, und der war nicht vorrätig im *Anglo-German Club* an der Außenalster.

Daß der Scherz kein Scherz gewesen ist, im Hause S. jedenfalls nicht, hat Georg spät begriffen, erst nach dem Tod seiner Mutter, als er in einem ihrer Tagebücher Gedanken fand über einen nahen Tod und den Satz: *Komme ich um, so komme ich um.* Das war geschrieben worden und datiert Ende Mai 1918. In einer Berliner Klinik erwartete Georgs Mutter damals ihr zweites Kind. Nach den Gefahren des ersten Kindbetts und immer wieder während des folgenden Jahrzehnts hatten Ärzte ihr gesagt, zu groß seien die Gefahren einer neuen Schwangerschaft. Nun wollte sie auf solche Ratschläge nicht mehr hören: Niemand hatte geglaubt, sie würde wieder gehen können; sie konnte wieder gehen. Krieg ist keine gute Zeit, um zu gebären. Sie war über dreißig und wollte einen Sohn.

Geboren wurde in der Berliner Klinik eine Tochter, von der Georg gehört hat als von seiner kleinen Schwester Ulrike: *Und laß mein liebes Schwesterlein bei Dir im Himmel selig sein* hat er später jeden Abend gesagt am Ende seines Kindergebets. Ulrike hat nur vier Frühsommerwochen lang gelebt in dem Jahr, da der Erste Weltkrieg nicht zu Ende gehen wollte und nicht zu Ende gehen wollte und nicht zu Ende gehen wollte. Solange Ulrike lebte, hat ihre Mutter nicht mehr an einen Sohn gedacht.

Der Krieg ist dann doch zu Ende gegangen in jenem Jahr. Viele Söhne aus dem ganzen Land waren nicht zurückgekommen. Ulrike war tot. Gesiegelt wurde die Niederlage. Jedoch bei allem Elend, da gab es Lebenszeichen im Land, die ungewöhnlich schienen und Hoffnung weckten. Ein Sohn, der nun zur Welt kam, würde nicht in einen Krieg ziehen müssen. Am 19. Januar 1919 bei den Wahlen zur Nationalversammlung gaben drei Viertel der deutschen Wähler ihre Stimme der SPD, dem Zentrum und den Deutschen Demokraten; das waren die Parteien, die eine parlamentarisch demokratische Republik wollten. Am 20. Januar wurde der Völkerbund gegründet. Am 11. Februar wählte die Nationalversammlung Friedrich Ebert zum vorläufigen Reichspräsidenten. Nichts war zu jener Zeit bekannt von den Bedingungen des Versailler Vertrags. In Eberswalde wurde Georg gezeugt. Die Gefahr für die Mutter war nicht geringer geworden. Was Georgs Vater empfunden hat und gefürchtet – er liebte seine Frau sehr –, das ist unbekannt geblieben.

Georg schrie pünktlich, als er zur Welt kam, *leicht und glücklich*, wie seine Mutter notierte, versank dann aber in Schweigen für die nächsten vierundzwanzig Stunden. Sanitätsrat Jahn fand das ungut. Für seine Pflicht hielt er es, die Eltern sogleich darauf vorzubereiten, daß möglicherweise dem Kind keine Lebenskraft innewohne. Es war vielleicht nicht ganz die rechte Mitteilung an eine vierunddreißigjährige Wöchnerin, die alles andere war als gesund und kräftig, dazu sehr behindert, und die just geboren hatte, obwohl nach verbreiteter Meinung sie nicht hätte gebären dürfen. Georgs Mutter hat hohes Fieber bekommen und es manchen Tag lang behalten.

Ihrem Sohn ging es recht gut. Bald lieferte er pünktlich das dem Mediziner so willkommene Gebrüll. Waschen ließ er sich ungern.

*

Korrekt, wenn auch nicht besonders diskret, was Ferber da mitteilt auf seine Art. Ich füge etwas an, was er glücklicherweise übersehen hat – und ich unglücklicherweise auch, bis in die Jahre nach dem Zweiten Weltkrieg, und dann war es so wichtig nicht mehr. Damals begann das Scherzchen mit dem *Wunschkind* mich zu verfolgen bis vor die Stände der Buchmesse in Frankfurt. Dabei bewies meine Existenz nach dem Krieg, daß zu meinem Heil ich jenes Wunschkind nicht gewesen bin.

Der Titelheld des Romans, das war schon im ersten Entwurf eine Grundbedingung, wird am Ende eines Krieges gezeugt; eben erwachsen tötet ein anderer Krieg ihn zwei Jahrzehnte später: Parabel-Konzeption von den Frauen, deren Söhne und Männer sterben müssen für die Schlachtfeste der Menschheit, entworfen schon Ende 1914 unter dem Eindruck der ersten Totenlisten. Es fand dafür sich die Zeitspanne zwischen der Kanonade von Valmy und den Freiheitskriegen. Das Motiv vom erwünschten Kind war wesentlich für diese Konzeption. Christoph Echter von Mespelsbrunn, Sohn eines fränkischen Adeligen im preußischen Dienst, wird in Mainz gezeugt und geboren, wächst dort heran und in der Mark Brandenburg und muß sterben bei Groß-Görschen. Natürlich habe ich das Buch gekannt. Hätte ich mir klar machen müssen, daß seine Grundfigur die Mutter und ihren schlichten Pastorensohn Georg eingeholt hatte im Herbst des Jahres 1939?

Ich habe es mir nicht klargemacht, auch später nicht, als man mich dorthin schaffte, wo auf mich und andere ungewöhnlich viel geschossen wurde. Nie habe ich meine Mutter danach gefragt, doch ich bin sicher, ihr ist es klar gewesen, und das muß ihrer Angst noch einiges hinzugefügt haben, die alle Mütter hatten von Söhnen in Uniform. Ich aber war jenes *Wunschkind* nicht. Ich bin nach Hause gekommen.

Ein sehr erwünschtes Kind aber bin ich gewesen, und ich frage mich, ob ich das Wagnis dabei gerechtfertigt habe: Doch wohl nicht. Das bekümmert mich. Wenig daran hätte ich ändern können, wäre ich vertraut gewesen mit dem Wagnis. Ein Arzt, ein Forscher, ein Geologe – dergleichen als Beruf und Berufung hätte meine Mutter sich gewünscht. Das weiß ich aus ihren Aufzeichnungen vor meiner Geburt – Wünsche, über die sie sich dann sogleich schriftlich lustig gemacht hat. Immerhin, mein Tändeln mit dem Werk von Edgar Dacqué begrüßte sie sehr, und verbarg ihre Enttäuschung beim Versickern. Als ich später keine Romane mehr schrieb, die mich zu *einer Hoffnung* machten (Hoffnungen sind wir allesamt gewesen um 1950), als ich Journalist war und blieb, da fragte sie einmal behutsam, ob ich nicht doch eines Tages… Ich gab ihr eine alberne Antwort: Lieber der Erste in Ravenna, als der Zweite in Florenz.

Es tut mir leid, wenn ich daran denke. Kein Wort hat meine Mutter jemals mich wissen lassen von alledem. Mein Vater hat seiner guten und frommen Mutter zuliebe Theologie studiert. Ein trefflicher Prediger ist er geworden und hat geglaubt, was er sagte. Seines Lebens froh ist er in diesem Beruf nicht gewesen. Viel glücklicher wäre er geworden etwa als Archivar oder Bibliothekar – mit genügend freier Zeit zum Schreiben, versteht sich.

Ich wollte, ich könnte mich an mehr erinnern aus Eberswalde. Der Portier hieß Herr Köpke. Hühner hielt er in dem grün struppigen Stück Garten hinter dem Haus, die gackerten unter unserer Veranda. – Reif auf den Tannen im Wald; ich sitze im Kinderwagen, den meine Mutter schiebt, und jemand, wahrscheinlich Fräulein Schröder, hat eine Wunderkerze geklemmt an einen Zweig, zündet sie an – und wie das sprüht! Nicht erschrocken bin ich gewesen, sondern entzückt. – Das Gesicht von Fräulein Schröder, rötlich gefleckt; Zeichenlehrerin war sie und eine Freundin des Hauses. – Nichts von irgendwelchem Benehmen bei Oberpfarrers. Nichts von großen Ängsten, Katastrophen, Krankheiten; nicht einmal das Bellen des Keuchhustens, den ich nachweislich gehabt habe und überstanden. Doch immerhin, Einreibungen des nackten Kindes auf Wickelkommode mit Franzbranntwein.

Endlich: Ich sitze in einem Leiterwägelchen, darin bin ich über unebenes Pflaster hierher gekarrt worden in die Schalterhalle des Eberswalder Bahnhofs, vermutlich von Fräulein Schröder. Zehntausende von Mark muß allein meine Fahrkarte gekostet haben in diesem Februar 1923. Wir fahren nämlich nach Berlin, das ist die Hauptstadt, und da werden wir auch bleiben. Von der Eisenbahn dorthin weiß ich nichts mehr.

*

Mit seinen Eltern (und mit seiner Schwester, auch mit der Erna vom Dienst, öfters mit Madame de Saxe, gelegentlich mit Onkel Willy) hat zehn Jahre lang Georg gewohnt im Hause Kronenstraße 70, Berlin W.8. Das war, wie fast alle Häuser in dieser Gegend, ein vierstökkiger Bau mit langem Hinterhof und Hinterhaus, geformt wie ein E ohne Mittelbalken, Produkt der allgemeinen Baulust nach dem Siebzigerkrieg, etwas vornehmer ausgefallen als seine Nachbarn: diskret verzierte Fassade zur Straße, der Hof in Klinker ausgeführt und mit schmiedeeisern eingefriedetem *Jarten*;

im Brandmauerschatten des Hinterhauses nebenan reckte lichtgierig ihre Krone eine Rüster dem Firmament entgegen. Spatzen wohnten im betagten wilden Wein, dem einzigen der Kronenstraße. Eine Mauer mit Teppichstange trennte das erste Drittel des Hofs vom Hofe nebenan. Jenseits stand abends die Hintertür einer Destille offen, gegen Morgen bumsten mächtig Milchkannen im Depot der Firma Bolle, und tagsüber an den Fenstern zwei Stockwerke lang tippten Tippmädchen.

Kronenstraße 70 gehörte der Kirchengemeinde, und dicht am lauten Leben, wie sich das für Kirchenvolk gehört, dehnten darin sich zwei lange Pastorenwohnungen, zur Straße hin *repräsentativ* mit Parkett, Wandtäfelung und Kathedralen von Kachelöfen; in den Zimmern zum Hof kam protestantische Schlichtheit auf, aber bitte, Ofen zum Erhitzen von Badewasser, auch ein zweites Wasserklosett, weil Wohnung so lang. Hintertreppe nicht schlecht, vorne *Aufgang nur für Herrschaften* mit allem Klimbim; Nicht-Herrschaften mußten inneren Widerstand niederkämpfen, wenn sie zum Küster-Büro wollten im Zwischenstock. Georg benutzte die Hintertreppe.

Den mittleren von Pastors Räumen zur Straße zierte ein Fensteroberteil aus bleigefaßtem farbigen Glas, im Zentrum die Aufforderung *Freuet euch in dem Herrn allewege!*, gestiftet 1876 vom Jungfrauenverein. Nichts war einzuwenden gegen Anregung und Stiftervermerk, doch ihre permanente Präsenz hat Gäste nervös gemacht, die dort längere Zeit krank lagen, die Erzählerin Irene Forbes-Mosse etwa oder auch Onkel Willy,

24

wenn er aus München kam – er verlegte am Ende sein Schmerzenslager in Georgs Zimmer zum Hof. Dort irritierte nur eine wandfüllende Europa-Karte, aber die mochte er. Bei Ritters, später Horns im ersten Stock wurde der Raum mit dem farbigen Fenster als Damenzimmer bezeichnet, und niemand schlief dort gegenüber von *Der Herr ist gnädig und gerecht.*

Das Haus barg neben Pfarrers und Küsters hoch oben die Gemeindeschwester, tief unten den grimmen Kirchendiener samt seinen vier Damen, außerdem am Hof große Service-Räume wie Kapelle und Gemeinde-saal, beide mit gotischen bleigefaßten Fenstern. Vor dem Keller graulte sich Georg, auch der Trockenboden unter dem Dach war ihm unheimlich. Aber sonst ging er überall hin und fiel lästig, auch zum Kirchendiener Kalbe, denn Kalbes vierte Dame war Trudchen, wenig älter als Georg und gut im Murmelspiel auf der schwar-zen Erde des *Jarten.* Trudchen und Georg durften dort murmeln, doch nur still und mit Maßen. Wenn Georg das Schmiedeeisen erkletterte, sich gar schaukeln ließ an den Zierketten über dem Zaun, dann drohte vom Zwischenstockfenster aus die gute Frau Küster Gut-schmidt, ganz Dutt und Zeigefinger, und sprach: Jocki-'n, Jocki'n, wenn det unse Papa'n sieht! (*Gocki* wurde Georg damals genannt.) Jocki'n aber hatte vor Herrn Gutschmidt viel weniger Angst als vor Herrn Kalbe, obwohl Herr G. haargenau aussah wie Wilhelm Zwo, aber mit dem hatte Georg nie zu tun gehabt.

Jeden Abend, manchmal auch am Tage und sonntags immer waren Hof, Himmel und Straße voll vom Ge-tön der Glocken. Das war schön, aber auch etwas ärgerlich, denn dieses mehr als gut hörbare Geläute kam vom Turm der Dreifaltigkeitskirche. Georgs Vater aber war Erster Pfarrer an der *Neuen Kirche* auf dem Gendarmenmarkt, gelegentlich auch *Deutscher Dom* genannt, weil Gegenstück zum *Französischen Dom* auf dem gleichen Platz. Wenn Pfarrer S. vom Pfarrhaus sich aufmachte zu seiner Kirche, dann ging er anderthalb Häuserblocks weit, bog ein in die Charlottenstraße, absolvierte einen weiteren Häuserblock, und endlich tat der Gendarmenmarkt sich auf in Grün (Gras) und Grau (Stein), was meistens schön war und fast jedesmal eine Überraschung.

Dreifaltigkeit aber war nur zweihundert Schritte entfernt von dem Haus, in dem Georgs Vater wohnte und Georg und alle anderen. Georg hat es nicht geschadet, daß er aufwuchs unter dem Geläut von Vater, Sohn und heil'gem Geist. Immerhin, dort hatten sie ehedem Schleiermacher gehabt, und jetzt kam oft der Reichspräsident zum Gebet für Volk, Staat und hoffentlich auch die eigene Seele, obwohl für ihn gewiß viele andere Gläubige straff gebetet haben in vielen Kirchen.

*

Kalt ist es gewesen, als wir eingezogen sind in Berlin. Durch ungeheure Säle walle ich in meiner Erinnerung – festliches Kerzenlicht, mir zu Seiten meine Mutter und ihre junge Freundin Mariett aus Basel. Es war wohl nur das Eßzimmer noch ohne Möbel, und es gab keinen Strom. In mein Gitterbett wurde ich wahrscheinlich geschafft, das stand im Schlafzimmer meiner

Mutter, neben dem Waschtisch mit Schüssel und Wasserkrug. Mein Vater bezog ein kleines Schlafkabinett zwischen seinem Arbeitszimmer und der *Lotschia* zum Hof. Die wurde bei uns nicht benutzt; der Pastor einen Stock tiefer veranstaltete dort manchmal *Italienische Nacht,* was mich sehr neugierig machte, aber viel war nicht los damit, so lange ich mir auch den Kopf danach verrenkte von unseren Fenstern aus. Sie saßen nur so da unter zwei *Lampinjongs* (meine Benennung) mit brennenden Kerzen darin und redeten miteinander wie sonst auch.

Schön warm ist es dann geworden in jenem Jahr der Millionenpreise für ein Stück Brot. Ende Mai überfiel eine Raupenplage den Jarten, obwohl der doch allenfalls hoch oben die Rüsternkrone anzubieten hatte, weiter unten etwas Flieder, und dann noch den Wilden Wein. Den Raupen war diese Sorte Grün denn auch nicht genehm. Nonnenraupen sind es vermutlich gewesen, gelb und behaart; zu viele Eier in den Samentaschen müssen die fliegenden Nonnen sehr gedrückt haben, als sie den Jarten verwechselten mit dem Grunewald, der voll ist von köstlichen Kiefernnadeln.

Raupen bedeckten die Zierketten des Zauns, Raupen bekrochen jedes Stückchen Schmiedeeisen, bewimmelten hungernd alles Grün und fielen dann und wann auch vom Himmel oder aus der Rüster. Ungemein ekelte ich mich mit schudderndem Genuß, floh ins Haus, wollte nicht mehr raus, ging dann aber doch wieder hin. Das kroch und kroch und konnte sich nicht wehren, war aber unüberwindlich dank widerwärtiger Masse – und das in der Stadt und keineswegs im Zoo. Allein bei uns scheint es diese Raupen gegeben zu haben. Im Jarten haben sie kürzer sich gehalten als in meinem Unterbewußtsein. Immerhin, früh im Leben haben sie mich eine wichtige Funktion gelehrt des Gräßlichen: Sobald es weg ist, scheint diese Welt bedeutend schöner, als sie vor dem Gräßlichen gewesen ist.

Einen Monat nach den Raupen hätte ich beinahe die Hälfte der Familie ausgerottet und war doch nur drei Jahre alt. Meinen Vater besuchte ich an einem sonnigen Morgen in seinem Schlafkabinett und sah ihm zu beim Ankleiden. Dann und wann tat ich das, und er war stets sehr geduldig, obwohl er wenig mit mir sprach um diese Tageszeit, und wäre wohl lieber allein gewesen. Morgens hatte er nicht diesen ängstlichen Blick, mit dem er oft meinen Bewegungen folgte, und der etwas verriet von dem, was er zu überwinden hatte in dem Jahr vor meiner Geburt.

Das Kabinett war klein und barg so eben Bett, Nachttisch, Waschtisch, Kleiderschrank, Stuhl, dazu ein Bücherregal mit *Russels Seeromanen* und einigen verschämten Krimis. Vom Kleiderschrank herab blickte der Hermes des Praxiteles in Gips und als Büste. (Vom Wäscheschrank meiner Mutter äugte in ähnlicher Ausführung Aphrodite: Hochzeitsgeschenke, die schwer loszuwerden sind.) Blickfang aber waren die gestärkten weißen Manschettenröhren, auf dem Nachttisch bereitgestellt zum Anlegen.

Besonders wortkarg war mein Vater an diesem Morgen. Vielleicht stand ihm ein Besuch bevor bei seinen kirchlichen Oberen. *Die Behörde* hockte dann und wann bei uns im Hintergrund wie ein besonders unheimliches Tier. Wenig Respekt vor dem Tier hatte meine Mutter, doch seine Mutter hatte meinen Vater gelehrt, untertan zu sein der Obrigkeit. Ich machte mir also zu tun, während er sich rasierte mit dem Töpfchen Warmwasser, das Erna gebracht hatte. Die Tür zum Kleiderschrank war nur angelehnt. Aufgezogen habe ich sie und mich drangehängt, *Karussell fahren*, nicht rund herum, aber doch mal rein, mal raus, und die Tür quietschte ganz leise.

Ein paarmal ging das gut. Mein Vater, mit dem Rücken zu mir, war mit dem Gilette unter seinem Kinn angelangt. An der Innenseite der Schranktür hing ich, eine Hand am äußeren Griff, die andere an zwei Krawatten. Besonders kräftig schwang die Tür nach außen. Der Schrank kippte nach vorn. Hurtiger noch als er kippte Hermes und sauste auf den Waschtisch zu. Im Spiegel muß mein Vater etwas bemerkt haben, das ihn unwillkürlich ausweichen ließ. Hermes verfehlte ihn knapp, zertrümmerte die Waschschüssel und sich selbst. Wäre mein Vater erschlagen worden, auch mein Ende wäre das gewesen: Hineingefegt in den Schrank hatte mich die Tür. Sie ging nicht mehr auf, denn der Schrank lag auf dem Waschtisch. In aller Stille erstickt wäre das Kind zwischen den Anzügen.

Mit empörtem Gebrüll kam ich ans Licht: Musik in den Ohren eines nicht sehr kräftigen Mannes, der mit Mühe Schrank samt Sohn aufgerichtet hatte. Wir haben später nie darüber geredet. Als wir in München spazierengingen während des Krieges, brachte ich das Gespräch darauf; mein Vater sagte, er könnte sich nicht erinnern an Kleiderschrank, Hermes, zerschlagenes

Steingut, großen Schreck und mein Gebrüll. Zu Mittag hat es an jenem Tag einen Blumenkohl gegeben …

*

Gut war das Wetter auch im südlichen Thüringen an der Werra. Mitten in einer Wiese lag ein mageres kleines Mädchen mit rotem Haar und Sommersprossen. Es hielt sich nicht für besonders schön, zu Unrecht, doch zu Recht für gleichberechtigt den älteren Vettern. Im Augenblick aber war es umhegt von Glockenblumen, Knabenkraut, Sauerampfer, Löwenzahn, Wiesenschaumkraut, Butterblumen, Frauenschuh und allen anderen Blumen und Gräsern, die ein halbes Jahrhundert später kaum noch zu finden waren, dank chemischer Großtaten für die Landwirtschaft. Bald würde Heuernte sein. Zusammen mit dem kleinen Mädchen nutzten die Zeit bis dahin Hummeln und auch Bienen und vielerlei Käfergekrabbel. Die Wiese burrte und brummte, und sie duftete, wie damals Wiesen noch dufteten. Das kleine Mädchen hörte zu und schnupperte zu und spürte dankbar die Hitze.

Die Arme reckte es aus, so weit es konnte, bohrte seine Fersen in die Wiese und rief mit aller Kraft: Es ist Sommer! Es ist Sommer! Es ist Sommer!

Die Vettern waren einiges gewöhnt von ihrer Ursel. Aber dies war doch so ungewöhnlich, daß sie es Ursulas Mutter erzählten, und die hat es aufgeschrieben.

*

…einen Blumenkohl mit etwas Reis aus der Kochkiste. Als aber meine Mutter den Kohl teilte, kam eine dicke, lange, gedünstete Raupe zum Vorschein. Meinen Eltern war nicht sehr gut, als sie das sahen. Mir war schlicht schlecht. Den Reis haben wir gegessen, Erna hat gedacht, sie ist schuld an der Raupe, und das hat sie den ganzen Nachmittag lang unglücklich gemacht, Silber hat sie geputzt in ihrer freien Zeit. Meine Mutter war entsetzt, als sie es gemerkt hat, aber da war Erna schon beinahe mit dem Nachpolieren fertig.

Ich bin allmählich Zentimeter um Zentimeter älter geworden und länger, doch wenig klüger. Jedes Jahr war Weihnachten, mit riesigen Tannenbäumen links und rechts von meinem Vater in der Kirche und einem im dritten Zimmer zur Straße, kleiner, aber schöner. Eine Eisenbahn habe ich geschenkt bekommen. Das war das erste Mal in meinem Leben, daß ich Gefühle vorzeigte, die ich nicht hegte. Niemand hat gemerkt, wie wenig ich übrig hatte für die Eisenbahn. Ich war ein Bauklötzer-Kind. Für Weihnachtsarbeiten war ich noch zu klein. Was ich nie bekommen habe, aber besessen in diesen träumerischen Jahren, das war eine Negerpuppe. Aus einem Material namens Zelluloid ist sie gewesen. Nie habe ich mit Puppen von irgendeiner Rasse gespielt. Doch die Negerpuppe zu besitzen, das war ein köstliches Gefühl. Vielleicht habe ich sie nur ein paar Tage lang gehabt. Ihr Verschwinden jedenfalls scheint einer der schmerzlichsten Verluste in meinem Dasein gewesen zu sein. Ich spüre ihn immer noch und werde nie erfahren, warum.

Auch nach meinem sechsten Geburtstag habe ich

31

nicht allein hinausgehen dürfen ins Leben. Vielmehr, ich wurde gebracht, von meiner Mutter, von Erna oder von Madame de Saxe. Das Leben für mich befand sich im Westen, im vierten Stock eines Hauses der Lutherstraße – eine Privatschule, in der Tante Anni und Tante Mella je eine Miniklasse unterrichteten. Am ersten Tag entzückte mich die Fibel, die mir da vorgelegt wurde, mit O wie Osterhase und viele andere O's. Hier bahnte offenbar ein schönes Abenteuer sich an. Das Entzücken ließ bald nach. Ich bin da anders gewesen als Ursula, die lange schon hat lesen können, bevor sie lesen zu können hatte. Langsam nur habe ich geübt und gelernt, auch das Schreiben, behindert wie später bei anderen Dingen von den permanenten Verzögerungseffekten einer leichten Begriffsstutzigkeit. Doch wie man eine Schleife bindet, das habe ich gleich erfaßt, als Tante Anni es mir vorgemacht hat. Dankbar war ich, bei Tante Anni zu sein. Tante Mella schien mir furchterregend. Oft mein Leben lang habe ich an Tante Anni gedacht, wenn ich mir die Schuhe zumachte – nie beim Lesen, und beim Schreiben auch nicht.

Dieser Schulbesuch hatte den Vorzug einer der schönsten U-Bahnfahrten, die es in Berlin gab für ein Kind: Nach dem Potsdamer Platz kroch der Zug ans Licht und rollte auf Stelzen über das riesige Schienengelände von zwei Kopfbahnhöfen. So ließ ich mir Eisenbahn gern gefallen, und immer war was los am runden Lokomotivschuppen mit der Drehscheibe. Nach Möglichkeit habe ich mich niedergelassen auf den Feuerlöscher-Kasten am Ende des Wagens. Von dort konnte man nach beiden Seiten sehen und auch die

Leute auf allen Bänken besichtigen. Mein Leben lang habe ich mit dieser Erfahrung nach Sitzplätzen gestrebt, von denen aus ich alle anderen Anwesenden sehen konnte.

Über jedem Feuerlöscher in der U-Bahn hing ein Schild mit Werbung:

Feuer breitet sich nicht aus,
Hast du Minimax im Haus!

Noch immer höre ich Ernas pommersche Stimme um berlinischen Anklang bemüht, als sie mir Berlins Antwort aufsagte auf diesen Spruch – eine fatale Antwort, so unvergeßlich wie nützlich, weil soviel resignierte Lebensweisheit in ihr steckt:

Aber Minimax is Mist,
Wenn du nich zu Hause bist.

Ohnehin, wenn ein Mensch erst lesen kann, sieht das Dasein rundherum nicht mehr so harmlos aus.

Träume

Jeder hat sie: Träume, die wiederkehren ein Leben lang, und wer könnte das Muster bestimmen, nach dem sie erscheinen. Einer ist meistens unter ihnen, der beschert nach dem Aufwachen mindestens zehn Sekunden lang namenloses Glück: Nur ein Traum ist das gewesen, ach, ist das herrlich. Diese Sorte macht nicht einfach Angst, auch sind nicht Schamgefühle im Traumspiel – etwa darüber, daß der Träumer nackt sich tummelte unter Bekleideten.

Schlimmeres wird angeboten vor dem Aufwachen. Zwei Exemplare von dieser Art kommen vor in meinen Nächten. Das Modell des einen findet sich häufig bei meiner Generation. Zu einem Regiment gehöre ich, das lagert im Freien am Rand einer kleinen Stadt, lagert und tut Dienst auf einem kahlen Platz, wo vor einem halben Jahrhundert Herr Feldwebel Becker versucht hat, mir den Granatwerfer zu erklären, Bodenplatte, Zweibein, Rohr. Keinen Becker und keinen Werfer gibt es im Traum. Der Himmel ist grau. Es regnet nicht, auch wird da niemand geschunden. Nicht ängstlicher Schütze bin ich, sondern längst dickfelliger Obergefreiter. Zudem, wir leben hier und heute, nicht unter den Nazis oder auch nur im Krieg – gleichwohl… Nämlich, ich weiß, das wird niemals aufhören. Nämlich, niemals werde ich nicht Soldat sein. Niemals werde ich nicht antreten müssen zum Dienst. Jeden Tag meines bißchen Lebens, jeden Tag, werde ich Verpflegungsportionen fassen oder raustreten als Kaffeeholer.

Für ein Inbild des Jahrhunderts habe ich dieses Bad gehalten in lauwarmer Hoffnungslosigkeit. Eingefallen ist mir dann, daß mein anderer Traum diesem sehr ähnlich ist, obwohl jener scheinbar handelt von der Furcht vor persönlichem Versagen. Einen Feldweg entlang treibe ich mehr als zwanzig Freilandschweine. Zum Grasen soll diese Herde auf die eingefriedete Wiese neben den Futterrüben. Ein Schwein nach dem anderen geht lange vor dem Ziel seine eigenen Wege, und nicht eines kann ich davon abbringen. Mit jedem ausgebrochenen Vieh wächst meine Verzweiflung. Sie explodiert nicht über mir, sie drückt mich zu Boden. Noch immer ist die Gnade des Aufwachens mir zuteil geworden vor der Schande einer einsamen Ankunft auf der Wiese.

Ich weiß aber Bescheid über diese Ankunft. Vier Schweine sind da noch mit mir gewesen von mehr als zwanzig. Protokoll ist der Traum eines meiner Nachmittage auf Gut Ginow in Pommern. Zu Gast bei meiner Patentante Marie waren wir dort, meine Schwester und ich. Sie sollte ein bißchen den Haushalt erlernen und außerdem wie ich gesunde Landluft atmen. Wenn es ging, besorgte ich das mit Onkel Werner im Dogcart, auf dem Weg zum Vorwerk oder zu den Arbeitern auf dem Feld. War ich nicht willkommen im Dogcart, bin ich hinter dem Kleinknecht hergetrödelt. Der hatte sich auf den Weg gemacht mit den Schweinen. Unterwegs übergab er mir Stock und Auftrag. Ein siebenjähriges pommersches Landkind wäre ohne Mühe fertig geworden damit. Siebenjährig war ich, aber kein pommersches Landkind.

Onkel Werner hat den Kleinknecht sich gelangt, und der mied fortan leider meine Gesellschaft. Angenehm ist die Traum-Wiederholung nicht dieses Schweinetriebs samt dem Gefühl einer heillosen Hilflosigkeit. Jedoch, mit der Zeit hat der unbeirrbare Eigenwille des Freilandschweins mir imponiert. Vielleicht auch deswegen haben Ursula und ich Chow-Chows gewählt als Gefährten: Ihre stolze Dickköpfigkeit verweist selbst Freilandschweine auf ihren Platz. Jeder Mensch braucht Gefährten, an denen er scheitert. Mit der Wahl von Chows sind wir einem großen Vorbild gefolgt. Allerdings, Dr. S. Freud durfte auch noch am beruflichen Scheitern sich stählen im Angesicht der Hechelschnauzen mit den blauen Zungen: Wie kein anderer Hund blockiert konfuzianisch schlicht der Chow jeden Versuch einer Analyse.

Ginow wie damals viele Güter war tadellos gepflegt, soweit die Landwirtschaft reichte, und etwas verrottet in Haus und Garten. Geld in der Gegend hatten allein die Händler mit Getreide oder Vieh. Zu essen gab es genügend nur von den eigenen Erzeugnissen. Sorgen nach Gutsherrnart waren die leichtesten nicht, und obwohl ich von alledem nicht viel begriff, ich ließ es mir nie einfallen, zu stören, wenn der Inspektor da war oder der Viehhändler einen Schnaps bekam in der Kanzlei. Der Sommer von Ginow scheint in der Erinnerung mir staubig überpudert, fast grau. Nur die Fahrten im Dogcart haben normale starke Farben, gelb vor allem und grün. Da waren wir der Herr, der nach seinen Leuten sah, und alles machte sich sehr ordentlich.

Es war eine lehrreiche Zeit. Neben anderem fand ich heraus, was Semantik für Fallgruben buddelt dem arglosen Sprachbenutzer. Ein Zimmer teilte ich mit meiner Schwester, und sie, sehr langhaarig, las in der frühen Morgenstunde irgendetwas von Mann oder Kellermann. Ich rang bereits mit meiner Garderobe. Hemdhosen trug ich in jener Zeit, einteilige Textilien, über der Brust mit Knöpfen geschlossen; zwei praktische Schlitze hatte der Beinteil, vorne für kleinen Wunsch und hinten für großen. Mit meiner frischen Hemdhose war irgendetwas nicht in Ordnung. Bei meiner Schwester beklagte ich mich. Dreh sie um, sagte sie, und las weiter. Nun ja, ich drehte sie um; aber das brachte wenig: Den Schlitz für großen Wunsch hatte ich nun vor Augen, und der sah so ungewohnt aus wie die ganze Hemdhose, irgendwie falsch. Leise beklagte ich mich aufs neue. Umdrehen mußt du sie, sagte meine Schwester; wenig freundlich fand ich ihren Ton. – Habe ich gemacht. – Auf blickte sie, jedoch blind für ihre Umgebung. – Na also. Dann laß mich in Frieden. – Sie stimmt aber nicht!

Glücklicherweise zeigten meine Untertöne an, daß ein wenig Gebrüll bevorstand. Meine Schwester verließ Mann oder Kellermann zugunsten einer heilen

Welt, riß mir das Textil aus der Hand, besah es und wendete es. Man kann das auch *umdrehen* nennen, doch wie soll davon jemand wissen, der es nicht weiß? Niemand hat den ganzen *Dornseiff* im Kopf, nicht einer mit sieben und auch einer mit siebzig nicht.

Ein zärtliches Sommerland ist Pommern mir meistens gewesen, mit Umsteigen in Henkenhagen und Festigung des Sinns für Wirklichkeit. Nach Ginow bin ich nicht wieder gekommen. Tante Marie und Onkel Werner haben dafür nichts gekonnt; in Dresden wohnten sie bald und waren im Ruhestand. Das hat angefangen an einem Morgen, an dem ist Tante Marie sehr wortkarg gewesen, und der weiß gedeckte Frühstückstisch hat sich gedehnt wie eine kahle Winterlandschaft. Dreimal hat meine Schwester Tante Marie gefragt, was denn ist. Am Ende hat sie es gesagt: Die Schweine ham Rotlauf – und das klang, wie es war, ohne Ausweg, und das Getreide ist längst verkauft gewesen auf dem Halm, und wer verstanden hat, die Bücher zu lesen in der Kanzlei, der konnte sehen, da stand *Schluß folgt*.

Das waren so Sätze damals. Die Schweine ham Rotlauf.

*

Aus der Jugendzeit, Aus der Jugendzeit/Klingt ein Lied uns immerdar: Georg wird das bestätigen. Zwei von den drei Hofsängern pro Woche, die neben der Klopfstange konzertierten die Ziegelmauern empor, kannten allein dieses Lied, oder sie hielten es für besonders geeignet dank seines Gemütspotentials.

Wenn nach dem Gesang die Pause eintrat, in der jedes anwesende Ohr wartete auf das Klatschen von Groschen in Zeitungspapier, verließ Georg seine Fensterloge: Allzu häufig klatschte nichts, und das sah er ungern sich an, zu schweigen davon, daß des Sängers groschensuchendes Auge ihn hätte erspähen können und verwerfen. Georg hat sich auch gescheut davor, Bettler in Ruhe zu betrachten, wenn sie einen Teller Suppe bekamen an der Hintertür oder ein Stück Brot, der Peinlichkeit wegen für den Bettler und für Georg. Konnte er ungesehen beobachten, tat er das gierig. Gesagt hatten ihm seine Eltern, daß Bettler Menschen sind, die nichts zu essen haben und denen man helfen muß, wenn es geht. Er hielt sie aber für eine besondere Spezies Mensch, von anderer Art als die Leute, die er sonst kannte.

Ein halbes Jahrhundert nach dem Berliner Hofgesang in der Jugendzeit hat Georg manchmal sich gefragt, wer von seinen persönlichen Bekannten aus den Zwanzigerjahren in Berlin nun eigentlich etwas zu tun hatte mit den *Goldenen Berliner Zwanzigerjahren,* von denen soviel die Rede ist. Er kam darauf, als er Jahr für Jahr je eine Zeitschrift aus dem alten Hause Ullstein destilliert hat zu einem Auswahlband. Hoch über dem geteilten Berlin hat er gesessen bei dieser Arbeit, mit Blick auf Todesstreifen und die Schützentürme der Erben vom heiligen Liebknecht. Was er tat, war wie Blütenblätter sammeln und Rosenöl machen, und dabei sich nicht zu vergreifen in der Menge und in der Sorte für den reinen Saft, der tropft aus der kupfernen Blase – eine einzige Schlamperei, und die Düfte stimmen nicht mehr, der spezielle der Zeitschrift, der typische ihrer Zeit.

Wenn Georg morgens durch die Kochstraße fuhr für diese Arbeit im Haus von Herrn Axel Springer, betrachtete er stets die Brandmauer neben dem Grundstück, auf dem das *Friedrich-Wilhelm-Gymnasium* gestanden hatte, Wilhelminischer Ziegel, und bei nationalen Feierstunden sangen in der Aula einige Lehrer *die vierte Strophe* des Deutschland-Lieds, *Und im Unglück nun erst recht!* Die Brandmauer daneben war nun bedeckt mit einem halbwegs abstrakten Gemälde aus den Siebzigerjahren, nachempfunden dem Stil der Zwanziger.

Gelegentlich hat Georg etwas gefunden in der *Berliner Illustrirten*, auch in *Dame* und *UHU*, das hat geklungen wie ein Glöckchen, ein Räuspern, ein Naseputzen aus seinen Berliner Kinderjahren. Selbst im elitären *Querschnitt* kam dergleichen vor. Viel mehr aber hat er gefunden, das ihn an die besseren Presse-Erzeugnisse nach dem Zweiten Weltkrieg erinnerte. Einfälle und Novitäten aus Ullsteins Produktion der Zwanziger sind stürmisch nachempfunden worden im sechsten und siebenten deutschen Jahrzehnt des Jahrhunderts. Obwohl Georg als Kind Exemplare von allen vier Journalen gesehen hat und heftig konsumiert, sehr vertraut ist ihre Welt ihm bei der gründlichen Besichtigung nicht erschienen. Der Reiz von Zeitschriften liegt darin, daß sie durchaus Unvertrautes dem Konsumenten präsentieren, oft bis in ihre Anzeigen hinein. Zum Unvertrauten haben selbst für Berliner Leser die *Goldenen Zwanziger* gehört, soweit sie aufzufinden waren oder doch Parfum abgaben, etwa mit der kindlichen Heiterkeit des *UHU*. Jede Ära kann erst abgeschmeckt werden, wenn sie vorüber ist.

Mit diesen *Zwanzigern* hatten Georgs Bekannte selten etwas zu tun, nicht Erna, nicht Hausarzt Längner, auch nicht Fräulein Eisermann, allenfalls Madame de Saxe. Anders war es mit Leuten, die Georg nur zu sehen bekommen hatte oder zu hören, mit den Hofsängern und den Bettlern, mit den Leierkastenmännern und auch mit den Damen, die abgewetzt schnieke pünktlich am Haus vorbeikamen um fünf Uhr nachmittags, wenn Georg draußen vor der Tür versuchte, abendsonnentrunkene Fliegen zu fangen mit einem Gubbi-Käscher. Zum Dienst eilten die Damen an die Ecke Friedrichstraße. Georg hat lange geglaubt, von dort aus würden sie essen gehen mit Leuten. Aufregend fand er das und kann sich nicht erinnern, wer so gnädig falsch ihn informiert hat.

All diese Figuren, wenig bemittelt, doch attraktiv, standen dem Dezennium sehr gut. Sie machten etwas her auf der Bühne der Zeit, die auszusehen hatte wie Max Reinhardts Bretter oder die von Piscator am Nollendorfplatz. Um ein großes Spektakel hat es sich gehandelt, mit sehr viel Statisterie, mit neuen Reizmitteln wie Kino und Radio und mit einer exzellenten Besetzung der Hauptrollen vom Dichter Benn bis zum Bankier Fürstenberg, vom Theologen Harnack bis zum Prinzen von Theben, von – mit Verlaub – Vicki Baum bis zu Theodor Wolff, vom Armenarzt Dr. Döblin bis zu Professor Liebermann, bis zu Carl Zuckmayer, bis zu Paul Wegener samt vielen anderen ausgezeichneten Berufsschauspielern. Nicht schlecht war des Stückes Text, und durchaus nicht immer von Brecht.

Am 30. Januar 1933 ist der Vorhang gefallen. Darsteller und Statisterie verloren in alle Welt sich und in alle Ecken. Vielen Protagonisten flocht neue Kränze die eine oder die andere Mitwelt. Jeder aber stand nun allein. Vom zusammengeballten Ensemble hatte das Spektakel gelebt, nie von einzelnen Solisten. Und wie es eigentlich war – weiß jemals jemand genau, wie ein Spektakel gewesen ist? Es kommt da so vieles zusammen. Georg für sein Teil konnte sich bescheiden mit dem Text für eine Zeichnung von Adolf Oberländer. Ein prachtvoller Trottel war da abgebildet mit erhobenem Zeigefinger. Darunter stand: *Und wenn ich auch nichts bin – ein Zeitgenosse bin ich doch!*

Eierpampe

Nicht nur märkische Heide ist des Märkers Freude, sagt das Lied, sondern auch märkischer Sand. Verhältnismäßig gelb ist er und hat gerade genügend Körper als einzelnes Korn, um es genüßlich zu reiben zwischen Daumen und Zeigefinger. Meine Freude ist der märkische Sand gewiß gewesen und ist es noch, wenn ich einen sehe: Ich bin ein Märker, geboren in Eberswalde.

Märkischen Sand gab es erstaunlich viel zu sehen in Berlin, fast noch mehr als rund um Eberswalde auf den breiten Waldwegen. Etwas gelber war er in der Hauptstadt und fand sich haufenweise neben kleinen Zelten mitten auf dem Bürgersteig (der wurde damals allgemein *Bürger*steig genannt), unter denen Männer saßen, die machten irgend etwas am Gas oder an der Elektrizität. In keiner Stadt der Welt ist so viel und so schön gebuddelt worden wie in Berlin. Den dabei anfallenden märkischen Sand durften ich und andere Kinder nicht anfassen. Das hat uns geärgert. Wenn die Männer nach Hause gegangen waren, habe ich manchmal den liegengebliebenen Rest geklaut im Eimerchen. Das wiederum hat Ärger gegeben mit Herrn Kalbe, vor allem, wenn der Sand dorthin geriet, wo er doch hingehörte, nämlich in den *Jarten*. Dort war die Erde schwarz. Das machte den Sand auffallend gelb.

Herr Kalbe war Hausmeister, im Hauptberuf aber der Kirchendiener. Sonntags beim Bewachen der Gesangbücher und der Kollekte trug er Smoking zum grimmigen kleinen Gesicht. Wenig einverstanden ist er mit mir gewesen, nicht nur des Sandes wegen, sondern auch Trudchens halber, der ich durchaus zugetan war, und Murmeln spielten wir im Garten und hatten beide deswegen immer schwarzdreckige Zeigefinger. Gelegentlich ist es dabei zu Terminüberschneidungen gekommen, wie Herr Kalbe sich beklagte bei Frau Kalbe: Erst willer dasse mit ihm spielt, und sie wollte einklich wech und is nich gegangen, und denn rufense ihm ruff, und det Kind is neese! – Frau Kalbe nahm das ruhiger; sie wog etwa doppelt soviel wie ihr Mann. Trudchen übrigens ist nie neese gewesen; ihr war ich viel mehr piepe als sie mir. Sie war Monate älter als ich, und wir beide fünf. Es war die Zeit der Großen Eierpampe, aber da ist Trudchen nicht dabei gewesen, dessen bin ich beinahe sicher. Nie ging sie in den Tiergarten, wollte nicht: Was soll ich bei die Bäume.

Eierpampe besteht zu etwas über acht Teilen aus märkischem Sand. Der Rest, sehr knappe zwei Teile, sind kaltes Wasser. Das Ganze muß gut durchgemischt werden und geprüft auf eine gewisse Schlüpferigkeit hin. Nicht etwa Sandkuchen macht ein Kind aus Eierpampe. Mit Eierpampe wird geschmissen, direkt aus dem Handgelenk heraus und aus dem Eimerchen. Am liebsten schmeißen kleine Mädchen kleine Jungs und kleine Jungs kleine Mädchen. Gleichberechtigung ist

44

hier stets gewahrt gewesen. Wie weit der Gebrauch von Eierpampe in der Geschichte zurückreicht, muß noch erforscht werden. Als ich sie kennengelernt habe, ist mir der Gebrauch vorgemacht worden von den Alten in der Runde, und auch sie sind die ersten nicht gewesen, obwohl manche von ihnen schon fast neun Jahre.

Nicht alle Tage kommt Eierpampe vor. Wäre sie zweimal geflogen ohne Intervall, alles nur Denkbare hätten Autoritäten getan, sie auszurotten. Das ist unmöglich, aber allein die ausbrechende Wachsamkeit wäre sehr lästig gewesen für alle interessierten Kreise. Eierpampe findet statt in quasi vulkanischen Zyklen, deren Gesetzmäßigkeit und Gesetze niemand begreift – mögen auch bei auserlesenen Kaffeestündchen in den Souterrains von Botschafterresidenzen einige Spreewälder Ammen andere Spreewälder Ammen geärgert haben mit der Behauptung, sie wüßten genau, wann, warum und nach welcher Initialzündung die erste Pampe aus dem Eimer fliegt. Die Wahrheit ist: Nicht einmal wir haben das gewußt. Wir brauchten es auch nicht zu wissen, anders als Spreewälder Ammen, die ihrem Ruf es schuldig waren und ihrem Gehalt, alles zu wissen von uns oder jedenfalls wesentlich mehr als unsere Eltern.

Himmelweit ist meine Erna vom Status einer Spreewälder Amme entfernt gewesen und war auch kein Kindermädchen, sondern Haushaltshilfe aus Pommern, rothaarig, bedeckt mit stattlichen Sommersprossenflecken und verachtet in der Runde aufsichtführender Weiblichkeit im Tiergarten rund um die hölzerne Oktagon-Einfriedung für märkischen Sand: *Der Buddelplatz*, gelegen neben einem alten Konzertpavillon, in dem längst nicht mehr schneidige Militärkapellen aufspielten, sondern allenfalls das Laub vom vorigen Jahr musizierte an windigen Tagen. Das war nicht weit von den marmornen Herren Lessing und Goethe, mit denen schon Herr Fontane befreundet gewesen ist, nahe Herrn Fontanes Spazierweg, auf dem manchmal mein Großvater ihn getroffen hat, begleitet von meinem Vater, und dann ein paar Worte gewechselt – wenige Schritte entfernt auch vom Schnittpunkt jenes Fußwegs mit dem Reitweg, über den so mancher gesprengt ist durch die Berliner Morgenfrühe, etwa der Admiral Canaris, teils der Gesundheit wegen, teils zwecks kleiner Konspiration von Gaul zu Gaul.

Ich mochte Erna, die stets geduldig voneweg gelatscht ist mit mir zum Buddelplatz. Ihr Pigment hat mich positiv beeinflußt in lebenslanger Zuneigung zu rotem Haar und Sommersprossen, obwohl ich stets entschieden zuneigte der kleinen Sorte, den Puteneipünktchen. Was mich an Erna störte, waren die Folgen ihrer gesellschaftlichen Isolierung im Kreis der Ammen und Kinderfräulein aus dem Diplomatenviertel. Ich war freundlich geduldet unter den Kleinen, wenn auch alles andere als akkreditiert wie diese Bälger bei der Reichsregierung, aber mit Erna sprach niemand. Keinen Gegenstand hatte sie für ihre Aufmerksamkeit als eben mich. Während Carmen und Dicky längst Eimerchen voll Wasser hatten aus dem Schlauchanschluß hinter dem Busch – sobald ich auch nur über die Einfriedung turnte, hob Erna schon den Hintern von ihrer sonst unbesetzten Bank. Dabei war ich Carmen längst eine schöne Ladung Eierpampe schuldig, zum Ausgleich für das letzte Mal und weil eine solche Ladung für das andere Geschlecht auch gewertet werden kann als Liebeserklärung.

Träge sind wir gewesen diesen Nachmittag. Carmen hat ihr Wasser zum Verstärken einer häßlichen Rundburg genommen, die trotzdem auseinanderrutschte; Dicky, in ständiger Furcht vor seiner original importierten Nanny, hat sogar Sandkuchen gemacht. Trügerisch mochte der Frieden gewesen sein, doch er hat geherrscht, bis die Schatten länger wurden und wir nach Hause gingen, unter dem Auge von Herrn Reichskanzler Dr. Luther, der gerade mal Luft schöpfte; zwei Häuser weiter gewöhnte Herr von Hindenburg sich ein in die zivile Macht und fühlte sich dabei ganz ähnlich wie als Generalfeldmarschall. Wenig habe ich damals gewußt von den beiden, doch daß wir innerhalb der *Bannmeile* wohnten, konnte ich jedem sagen und fand es vornehm. – Gegen den leeren Eimer klirrte die Sandschaufel, und Erna sagte: Nu mach doch endlich mal.

Immer habe ich vergessen, Reich-Ranicki zu fragen, ob er damals schon in Berlin gelebt hat. Kaum jünger ist er als ich und hätte auf diesem Buddelplatz im Sand nach Geschriebenem gesucht zwecks strenger Prüfung und dabei ordentlich Eierpampe abbekommen, was mir für alle Zeit einen schönen Vorsprung verschafft hätte vor deutschen Autoren von mehr Gewicht und auch mit höheren Auflagen. Dabei kann ich Marcel gut leiden. Bei allem unumgänglichen Respekt gehört er für mich zu den wenigen Amusements, die die deutsche Kulturmaschine trotz allen Klapperns anbietet, und ich habe ihm auch längst verziehen, daß er die Leine von Dschingiskhan, ihm anvertraut zum Halten, einfach losgelassen hat, weil der Hund ein bißchen zog. Schließlich, jeder Chow-Chow zieht, da ist nichts zu machen, und mir war damals noch nicht klar, daß Marcels ungemeine Weltkenntnis auch bei Hunden sich ausschließlich auf solche beschränkt, die in Büchern vorkommen. In einem holsteinischen Wald ist das geschehen, und es hat viel Arbeit gemacht, Dschingiskhan wiederzukriegen, und in der Mühle wartete Ursula mit dem Tee.

Noch schlimmer ist es gewesen, als Fritz Raddatz Dschingiskhans Leine hat fallenlassen, mitten auf einem von frei laufenden Hühnern belebten Bauernhof; Hühner muß ein Chow jagen. Wir holten dort Milch. Es wird diese Nähe der natürlichen Milchquelle gewesen sein, die Raddatz verwirrt hat; dergleichen ist er nicht gewöhnt. Dsching war dermaßen verblüfft, daß er stehen blieb.

Beide Herren werden unwirsch sein, daß ich leichtfertig sie verflochten habe in einem starken Zusammenhang, doch außer ihnen hat noch nie jemand einen meiner Hunde fahrenlassen. Zudem, auf seine Art gehört auch Raddatz zu meinen spärlichen Vergnügungen in unserem Kulturpark. Ich mag ihn und die meisten seiner Fehlgriffe, und ich habe immer gefunden, daß das Handschuhfach eines Porsche der einzig vernünftige Platz ist für *Das Kapital* – wobei ich nicht leug-

nen möchte, daß der Porsche-Fahrer wie geschaffen
gewesen wäre für eine rechte Eierpampe, jedoch trotz
der richtigen Geburtsstadt als ein Jahrgang 1931 für
Pampe viel zu jung. Da hat er was versäumt.

Mondaminbrei habe ich abends bekommen nach
dem Buddelplatz und sollte dann gleich ins Bett und
wollte nicht, aber aus besonderem Grund: Pastor Horn
im ersten Stock unter uns machte mit den anderen
Horns *Italienische Nacht*, und das mußte ich sehen.
Ziemlich gut war es zu erkennen von der linken Seite
aus des Eßzimmerfensters, mit dem Blick schräg hinunter auf die *Lotschia*. Die war bei uns nicht in Betrieb.
Horns hatten einige Geranien in Kästen, auch einen
Tisch mit Stühlen. Zur Feier einer *Italienischen Nacht*
wurden drei Lampions aufgehängt mit flackernden
Kerzen darin, und darunter saßen Horns und unter-
hielten sich ganz normal, deswegen konnte man sie
nicht verstehen. Es mußte aber was Dolles sein, denn
sonst hätten sie es nicht gemacht. Von schräg oben gesehen reichten fünf Minuten mir bequem aus, und
dann ging ich friedlich mich waschen und waschen lassen. Dazu zog meine Mutter eine Kittelschürze an. Danach ging sie zum Essen mit meinem Vater und meiner
Schwester. Manchmal später hatte sie Besuch in ihrem
Zimmer neben dem Schlafzimmer, dann roch ich gelegentlich außer dem Rauch von Iplik-Zigaretten (drei
Pfennige das Stück) auch etwas mit Geheimnis, das war
Weihrauch, entweder von Stäbchen oder von kleinen
Konen. Danach hat es da und dort immer wieder ge-
duftet in den Zwanzigerjahren, und bei Außenseitern,
zum Beispiel dann bei mir, auch noch in den Dreißi-

gern. Nichts Katholisches war das, sondern etwas Asiatisches.

Nelly war ein bißchen Asien: Und abends sind die Türken gekommen, hat sie meiner Mutter erzählt von ihrer Flucht via Konstantinopel, und haben an die Fenster geklopft. Ich habe das vor mir gesehen, Türken im Turban, den Säbelgriff erhoben zum Fensterklopfen – warum die Türken geklopft haben, war mir persönlich piepe. Es war eine der Emigrantengeschichten, gewißlich wahr, aber vielleicht etwas koloriert. Nelly de Saxe oder die Baronin Rausch von Traubenberg, ganz habe ich nie begriffen, von welchem Namen sie nun eigentlich geschieden worden ist damals in Petersburg. Gehört hat sie auf beide. Nelly blieb bei uns und wohnte bei uns und machte sich nützlich. Katalogisiert hat sie, was sie *die Bibliothek* nannte, und kein Mensch hat je das System begriffen für die Bücher meines Vaters und die von meiner Mutter; in Erbstücken finde ich Vermerke wie *No 5/A 3 (I.3 b 3)*, was betrifft den ersten Band des eben erschienenen *Zauberberg*. Nelly hatte einen schön gewellten weißen Bubikopf, und manchmal war er etwas blau. Nelly verteidigte ihre Freundin, meine Mutter, die am Stock ging und langsam. Mit langen Schritten eilte sie zu auf einen *Herrenfahrer*, der seinen Schlitten in Bewegung setzte, und sprach: I-di-ott! – Im Lauf der Auseinandersetzung teilte sie ihm mit: Sie haben einen Herren vor mir! – und gewann damit glatt Spiel und Satz.

Allenthalben wollte sie dankbar von Nutzen sein und suchte sich ihre Aufgaben selbst. Mir dachte sie Französisch beizubringen. Bogen begann ich um sie zu machen, und sie schüttelte ihr aufgeräumtes Haupt und sagte: Dumm bist du wie deine Füße. – Damit hatte sie recht, und hätte ich damals schon Französisch gelernt, so wäre das erratisch geschehen, aber gründlich und für die Praxis, und wäre damit wert gewesen selbst den eindringlichen Petersburger Akzent. Ohnehin, dann und wann verschwand Nelly auf Wochen oder Monate nach Paris, wo Verwandtschaft saß, die betrieb ein russisches Lokal namens *Samarkand*, stets beinahe pleite, doch niemals ganz. *Der Samarkand muß gerettet werden!*, ist Nellys Schlachtruf gewesen Jahr für Jahr. Nelly brachte in unseren immerhin Pastorenhaushalt etwas, für das meine Eltern dringenden Bedarf hatten, mein Vater schweigsam, meine Mutter im Gespräch: Welt. Einmal, als sie ein bißchen Geld bekommen hatte, ließ meine Mutter von Nelly sich verführen, mitzureisen, *den Samarkand* zu retten. Es müssen sehr anstrengende vierzehn Tage gewesen sein auf Hintertreppen des russischen Montparnasse, aber sie hat es herrlich gefunden.

Das war in der Zeit, in der ich jeden Morgen in die Vorschule gebracht wurde zu Tante Anni in der Nähe vom Wittenbergplatz, vierter Stock, kleine Klasse. Ich habe dort das Glücksgefühl erlebt des ersten Tags, nicht Zuckertüte, was mich wundert, sondern Fibel, der Anblick von Buchstaben. Es muß da ein spontanes Mißverständnis sich ergeben haben, denn Lesen und Schreiben habe ich sehr langsam gelernt und mit Kummer. Ich war überhaupt, abgesehen von einigen Spezialfächern wie etwa Eierpampe, ein reichlich langsames Kind. Als ich dann endlich lesen konnte, habe ich beispielsweise in

Auerbachs Kinderkalender nicht die reichhaltigen Beiträge am liebsten zu mir genommen, sondern die Antworten, die in jedem Jahresband am Schluß Herrn Auerbachs Nachfolger seinen zahlreichen Briefschreibern zuteil werden ließ – ohne jemals auf den Gedanken zu kommen, ich könnte auch mal an Herrn Auerbachs Nachfolger schreiben. Ich hätte nicht gewußt, was. Ich war durchaus zufrieden mit den Antworten, die Herrn Auerbachs Nachfolger für Fragen hatte, auf die ich nie gekommen wäre. An Tante Anni denke ich oft – nicht aber, weil sie mir mit der Lehre von Lesen und Schreiben meine Handwerkzeuge beschert hat. Vielmehr, eines Tages hatte es sich erwiesen, daß ich keine Schleife binden konnte, und da hat sie es mir beigebracht. Bei jedem Schnürsenkel grüße ich sie im Geist und sehe vor mir die Warze über ihrer Oberlippe. Ab und zu versuche ich herauszufinden, ob bei solcher Einstellung zur Umwelt ernsthafte Mängel frühzeitig sich abgezeichnet haben, und, wenn ja, welche.

Der Wintergeruch von Berlin, wenn man noch im Dunkeln sich aufgemacht hat in die Schule: Vorahnung vom Brandgeruch der Katastrophen, aber doch ein Gegenteil, heimatlich, nicht mehr zu wiederholen, eine Nase voll vom Rauch der Briketts aus frisch versorgten Kachelöfen. Es war nicht mehr gekommen zur Großen Eierpampe im Spätsommer, und nun würde Weihnachten sein mit Kirchenchor auf der Orgelempore, Baum im Roten Zimmer, Neujahr bei offenem Fenster und es knallte, Ostern und die Marzipaneier finden, Schule – aber trotz Schule, Buddelplatz würde noch sein.

Als es Frühling wurde, kam Nelly aus Paris zurück, und später entwich meine Mutter nach Italien: Drei Wochen knapp würde das jämmerliche Honorar reichen, das sie bekommen hatte für *Die Fürstin reitet*; deutsche Autoren lebten zu jener Zeit ausschließlich von dem, was sie drucken lassen konnten – im Äther krachte vorerst noch das Detektor-Drähtchen auf dem Kristall, man durfte nicht vergessen, seine Antenne zu erden, und Nennenswertes an der Kasse ernteten Schriftsteller erst nach dem Zweiten Weltkrieg. – Vorübergehend wurde ich zu Teilen Nelly unterstellt. Nelly war nun im Filmgeschäft, und zwar bei den großen Ateliers zu Paris wie auch zu Babelsberg. Kunstausübung wurde nicht jeden Tag ihr abverlangt; noch war sie das interessante Gesicht im Hintergrund. Sie blieb es, hatte nun aber ein bißchen Geld für sich und Wodka und gelegentlich gar *Kleine Schweinereien*, im russischen Original *Sakuski* genannt. Mir war sie dann und wann das Vergnügen wert, ihr eine Karaffe mit Wasser zuzuschieben statt Wodka: Zuverlässig grenzenlos ist jedes Mal ihre Empörung gewesen, nachdem sie das Wasser der Serviette anvertraut hatte.

Ganz ohne Schluckauf hat der Haushalt nicht funktioniert unter Nellys Aufsicht. Meine Mutter saß im letzten Zimmer der Wohnung und schrieb, doch immer schien sie zu wissen, was vorging. Wenn ihr schwerer Schritt sie ankündigte, wurden wir alle drei unruhig, die Köchin, Erna und ich. Nelly wurde zwar etwas gefürchtet, aber nicht ganz ernst genommen. Hätte Nelly nicht wissen müssen, daß Erna immer frei hatte am Dienstag nachmittag? Seit meiner Mutter

Abreise am Freitag hatte ich gequengelt nach dem Buddelplatz. – Sie gehen mit ihm buddeln, sagte Nelly zu Erna. Gegen eine pommersche Mauer rannte sie: Unaufschiebbares stand auf Ernas Programm; immer mal wieder ging sie spazieren mit Männern oder sogar ins Kino. Nelly, bei allem imperialen Gestus, hat gewußt, wenn sie geschlagen war. Einen Kompromiß hat sie schmiegsam ausgehandelt, und von dem hat kein Mensch mir was gesagt.

Friedlich bin ich losgezuckelt mit Erna. Vor dem Café Dobrin saßen Leute in der Sonne, obwohl es windig war. Auf dem Buddelplatz fehlte niemand. Sogleich steckte Carmen mir die Zunge heraus, eine alte spanische Sitte. Erna saß anders als sonst auf ihrer Bank, unbequemer, ließ aber wie üblich mich nicht aus den Augen. Stig, das tat er immer, arbeitete an einem großen Loch und machte es noch größer. Dann sah ich ihn doch tatsächlich Wasser hineingießen. Dicky schnippte mit der Schaufel bescheidene Sandmengen auf Franklin Schmolzheimer, den blassen Ami mit dem einzigen Nachnamen, den ich kannte auf dem Buddelplatz, weil so einprägsam. Ich tat so, als plante ich eine Burg. Geschubst wurde ich und schubste zurück und merkte, reichlich viel geschubst wurde überall. Da baute sich was auf. Ich ließ noch ein bißchen Zeit vergehen und tat überhaupt nichts. Wasser brauchte ich jetzt auf jeden Fall.

Nach Erna schielte ich, und schielte nochmals, und sah schließlich genau hin. Ich glaubte nicht, was ich sah, aber Erna war weg. Leer war ihre Bank. Nach den Spreewälder Ammen schielte ich, ob sie dort plötzlich

Gnade gefunden hatte; wie immer thronten sie, nix Erna. Über die Einfriedung turnte ich, besorgte mir mein Wasser, buffte mich zurück durch eine Kakophonie in mir unbekannter Sprache. Jahrzehnte später in Cannes habe ich gelernt, daß mit der eigenen melodischen Zunge im Ausland allein Italiener so heillosen Krach machen und darin nur übertroffen werden von italienischen Kindern.

Die erste Ladung Eierpampe kam zehn Minuten später aus dem Eimerchen von Carmen, was mich schrecklich kränkte, denn als Zielperson hatte sie Dikky sich ausgesucht. Ich hob meinen Eimer, um aus Rache ein mir unbekanntes, dickes und nordisches Kind einzudecken, das, wie jeder von uns dachte, *Eidotter* hieß oder so ähnlich, und bemerkte, wie allenthalben Eimer sich hoben. Berlin besitzt keinen Föhn, doch mitunter kommt eine atmosphärische Aufladung vor, die eine ähnliche Wirkung hat. Es bahnte sich an die größte Eierpampe aller Zeiten.

Ich war noch beim Zielen, weil Eidotter sich bewegte, auch Pampe in ihrer Hand. Bei einem ganz kleinen Schwenk, höchstens einem Vierteldaumensprung, kam in mein Blickfeld hinter dem gelben Haar ein Anblick, der jäh mich mein Eimerchen sinken ließ: Mit damenhaft gekreuzten Beinen thronte auf einer Bankmitte Nelly, an den Bankenden respektvoll eingefaßt von zwei scheuen Spreewälder Ammen, und rauchte überdies eine Papirossy. Die aber ließ sie jetzt fallen angesichts der erhobenen Pampe-Behälter, trat gründlich sie aus im Aufstehen und begab sich mit einigen Meilenschritten über die Einfriedung auf den eigentlichen

Kampfplatz. Mit einer in mindestens sechs Sprachen muskulös vibrierender Stimme gebot sie Einhalt der Eierpampe, doch nicht etwa, um sie zurückzuhalten in den Behältern. Auf deutsch klang das so: Dies ist doch dumm und langweilig, gekreuzt und quer. Niemand weiß wo. Du dahin und du auch und noch die drei. So. Die andere Seite auch gut. Und jetzt, was könnt ihr? Wenn ich sage los, dann ist los – erst ihr, dann ihr. Viel mehr Spaß. Aber erst, wenn ich sage!

Sie haben gehorcht, die Kleinen, allesamt und allemal, und ich natürlich sowieso. Baff waren die Ammen, baff die Kindermädchen. Nelly zog das Ganze noch hinaus, indem sie schwieg, mit Blicken bändigte, es federn ließ, und dabei wurde manches Eimerärmchen müde. Endlich aber sagte sie zu der einen Partei: Los! Es gab wohl Treffer, aber nicht sehr viele. Dann war die andere Partei dran, meine und auch die von Eidotter, und das Resultat war ähnlich matt. Nelly aber schmetterte: Groß-ar-tig! Phä-no-me-nal! Gutt so beide! Und heute genug. – Da hatte sie mich schon am Krägelchen, ließ mich meinen Kram aufheben, und wir zogen ab. Einmal wandte Nelly den Kopf zurück, als würde sie schmetternden Beifall vernehmen sämtlicher Ammen. Das allgemeine Schweigen in unserem Rükken war noch eindrucksvoller. Auch wir schwiegen bis zum Wilhelmplatz. Dort gab sie mir den Rest, noch ganz Baronin Rausch von Traubenberg: Miserabel wirfst du, ohne Schwung, ohne – also ohne Vision. Das wirst du üben müssen.

Ich schwieg. – Du bist böse? fragte sie. Ich schwieg weiter. – Schmeißen ist immer dumm, capisco! – Das war ihr letztes Wort darüber, und auch später habe ich nicht gewagt, sie anzusprechen auf diese letzte Große Eierpampe meiner Zeit. Als ich mich viele Jahre später pflichtbewußt bildete in einem Münchener Parkett bei Horst Caspars *Tasso*, fiel mir auf, daß auch in der Umkehrung die Goldene Zeit nicht wiederzukriegen ist: Was erlaubt ist, gefällt fast nie. Jedoch, will man erfahren, was sich ziemt...

Wenn der Reichspräsident unter dem Zylinder auf kurzer Fahrt zur Sonntagspflicht sich begab, stieg er zum Zylinderlüften an der Dreifaltigkeitskirche just unter der Büste von Schleiermacher aus. Das war bei uns um die Ecke, und ich habe mir die diskret oder gar nicht jubelnde Menschenansammlung öfters angesehen; mein Kindergottesdienst in der Neuen Kirche fing erst später an. Was hat die Leute angezogen in diesen nicht goldenen, doch munteren Zwanzigerjahren? Das Oberhaupt eines neuen Staats? Der alte Feldmarschall? Oder aber der alte Feldmarschall als Symbol des alten Staats? Rückblicke haben viel für sich, und ich habe leicht reden: Als die greise Stimme durch das Radio bröselte nach den ersten sieben Hindenburgjahren, da wurde er der erste deutsche Mann, der Schlimmeres verhüten wollte, in seinem Fall den Sieg *eines Kandidaten der radikalen Rechten oder radikalen Linken*. Schreibheft-Etiketten habe ich begeistert für ihn zweckentfremdet, sie bemalt mit *Hindenburg Pater Patriae*, habe diese Wahlpropaganda hinten angeleckt und an Hauswände geknallt, zweimal auch an die umfangreiche Kirche meines Vaters. In der Konditorei Plau hing ein Hindenburg-Bild samt unterschriebener

Botschaft, daß er sich kräftig erhalten habe bis ins hohe Alter durch den Konsum von Roggenbrot. Wie apart das war als Dekoration einer Konditorei, ja wie vieles andere ist mir erst später klar geworden.

Nur drei Jahre lang war ich bei Tante Anni gewesen. Dann versammelte ich mich mit anderen angeblich intelligenten Knaben im Friedrich-Wilhelm-Gymnasium an der Kochstraße zu einer *Intelligenzprüfung*; ich habe sie bestanden, was jedermann überraschte, mich ausgenommen. Es hätte mich auch nicht gewundert, wäre ich durchgefallen bei diesen Zahlen- und Buchstabenspielen. Mochte ich vorübergehend ein aufgewecktes Kind gewesen sein – als Knabe wie als junger Mann war ich eingesiegelt in duldsame Lethargie, tolerant auch gegen mich selbst: Stets hat es mich überrascht, wenn jemand noch unbekannte Fehler an mir fand und auf sie hinwies; abgestritten habe ich nicht einen. Begegnete ich später jungen Leuten in dieser Geistes- und Gemütsverfassung, habe ich sie besonders gräßlich gefunden: Haß auf altes Spiegelbild.

In der Sexta habe ich Herrn Klinkott getroffen als Klassenlehrer: Deutsch, Geschichte, Latein. Sein Bestes tat er gewiß, war wie viele seiner Kollegen auch nach einem Jahrzehnt noch ganz und gar *Im Felde unbesiegt*, hatte Lieblingsworte wie *Podex* oder *Hammelbeine langziehen*, und sein Schreckbild und Inbild des allgemeinen Niedergangs waren *Jüngelchen in seidenen Unterhosen*. Wahrhaft verstört ist er gewesen vermutlich von den ersten Nachkriegsjahren, ein Puritaner ohne Zielperson. Er sagte uns auch, Austern, die schmeckten wie Popel; niemand hat ihn gefragt, wie er in die Lage gekommen war, zu vergleichen. Mit Maßen habe ich gelitten unter Herrn Klinkott, wie eben jeder die Lehrer hat, unter denen er leidet, zumal, wenn er schlecht ist in Latein. Heute sehe ich ihn eher als eine nur mäßig gefährliche und durchaus tragische Erscheinung; ungern würde ich entscheiden, was böser ist am Ende: Ob ein Lehrer vor der Klasse dem Schützengraben nachjammert oder aber der Straßenschlacht.

Herr Frost im Zeichensaal ist da anders gewesen, nun ja, ein Künstler, und lockig auch noch. Ich bin nicht sicher, ob Herr Frost selbst gemalt hat. Auf jeden Fall ließ er mehrmals auf das Wagnis sich ein, Zehnjährigen das Wesen der modernen, will sagen, der abstrakten Kunst klarzumachen. Frei von Fremdworten unternahm er das und gleichwohl glücklos. Nun seht mal, sagte er, zum Beispiel, wenn früher ein Maler eine Kuh gemalt hat, dann hat er eine Kuh gemalt. Ein moderner Künstler malt aber mehr, was er als Gedanken ausdrücken will, bei einer Kuh zum Beispiel… Hier stockte er, holte betrübt Luft, und endete: Zum Beispiel eine Milchkanne. – Das mag nicht ausreichend sein, aber es ist noch immer die beste Erklärung, die ich gehört habe. Ich denke oft an Herrn Frost, obwohl ich nicht fähig bin zu malen oder zu zeichnen. Das Gymnasium ist zerstört worden. Auf dem Gelände steht jetzt zurückgesetzt von der Baulinie ein flacher moderner Zweckbau. Die frei gebliebene Brandmauer des gut erhaltenen Hauses nebenan ist nun zwanzig Meter hoch bemalt mit einer abstrakten Zahnrad-Phantasmagorie. Das freut mich jedes Mal für Herrn Frost, wenn ich dort vorbeifahre.

Häufig vorbeigefahren bin ich dort, als ich in Axel Springers hohem Haus Jahr für Jahr einen Band ediert habe mit ausgewählten Bildern und Texten aus einer der großen Zeitschriften, die bei Ullstein erschienen sind: Porträts der Zeit und des Periodikums, vom *UHU* bis zum *Querschnitt* und natürlich nicht ohne die *Berliner Illustrirte*. Besser als die meisten Altersgenossen bin ich unterrichtet nach diesem Intensivstudium über unsere jungen Jahre: Zeiten, die wir gelebt haben, doch nur in kleinen Auszügen erlebt. Von Zeitflammenschrift an der Wand haben meine damals erwachsenen Kollegen in der liebevoll *bürgerlich* genannten Presse nicht allzuviel gehalten, so wenig wie die Überzahl ihrer Leser – am meisten merkwürdigerweise noch der Highbrow-Herausgeber von Wedderkop des *Querschnitt*, aber das blieben Hinweise für einen sehr kleinen Kreis. Von solchen Mängelrügen abgesehen, zufriedenstellend wie alle, die man rückblickend loswerden kann –: was für Schriften, was für eine Zeit, jedenfalls, wenn man sie in Ruhe genießt und im Auszug.

Ein paar Spritzer davon habe ich mitbekommen: Besuche in der *Kamera* Unter den Linden (*In dieses Kino kommt kein schlechter Film* – was stimmte), Reinhardts *Schöne Helena* mit La Jana fast ohne alles als Aphrodite, und die Waldorff-Rivalin Lotte Werckmeister in der *Scala*, was für meine Eltern peinlich wurde: Ziemlich weit vorn saßen wir, ich verfiel, noch nicht blasiert, in Lachkrämpfe, deren Geräusch die Künstlerin veranlaßte, den Rest ihrer Pointen haargenau in unsere Richtung zu schleudern, und in diesem Rest war so manches, was ich nicht begriff, aber hilflos belachte, und am Ende wortwörtlich vor Lachen vom Stuhl fiel. Daß von der Werckmeister heute so gar nicht mehr die Rede ist, finde ich ungerecht.

Ende Januar 1933 bin ich an nichts beteiligt gewesen, was bei uns gleich um die Ecke passiert ist, denn ich lag mit einer leichten Grippe in meinem nun schon längst eigenen Zimmer unter einer großen Europa-Karte, machte mir Sorgen, daß ich vielleicht ein zweites Mal sitzenbleiben würde (diesmal wegen Latein, nicht wie voriges Jahr wegen Französisch, und diesmal im *Grauen Kloster*), und war, wenn jemand gefragt hätte, natürlich gegen die Nazis, das waren fast alle, ein Lehrer namens Kosmehl ausgenommen, dem Begeisterung oder ein leichtes Lungenleiden die Backenknochen rötete. Ganz hatte auch Herr Kosmehl die Sache noch nicht begriffen. Zuständig war er für den VDA und warb für ihn auch während des Unterrichts, bis Lutz Böhler zu ihm sagte: Da sind mir zu viele Juden drin. – Ungläubig vernahmen wir das, auch der kleine Freyer, Sohn eines Rabbiners, und Herr Kosmehl sprach: Aber Lutz, überlege doch mal. Wenn du in einem Rettungsboot sitzt, und darin sitzen auch Juden, und es kommt darauf an, daß jeder richtig mitrudert – würdest du dann nicht auch rudern? – Nee, sagte Lutz Böhler. Herr Kosmehl gab auf, auch weiter fest im Glauben.

Leichte Grippe im Schutz der Bannmeile und keine Ahnung, daß gleich um die Ecke Herr von Hindenburg Winke-Winke machte für die Fackelträger (*ein nichtendenwollender Zug*) seines neuen Winke-Winke-

Gefährten, den er im verzeihlichen geographischen Irrtum den *böhmischen Gefreiten* getauft hatte. Obwohl gleich um die Ecke, das *Hotel Kaiserhof* und auch *Dreifaltigkeit* fingen den Schall ab. Nichts war zu vernehmen in der Kronenstraße von dem Lied, das die Deutschen sich ausgesucht hatten zum Marsch in die eigene Knechtschaft, mit dem Refrain *Herr, mach uns frei!* Nach nur wenig mehr als zwölf Jahren hat Er die Bitte erfüllt, wenn auch nur in einigen Landesteilen, und beispielsweise nicht am Wilhelmplatz.

Ein paar Tage später bin ich Schlittschuhlaufen gegangen rund um Königin Luise im Tiergarten, nun schon längst ohne Erna oder Nelly; nach Pommern war die eine zurückgekehrt, die andere nach Paris. Am Buddelplatz ging ich vorüber und gönnte ihm kaum einen Blick: Das war nur was für die Kleinen im Sommer. Eierpampe? Ach so. Na ja. Rückwärtslaufen habe ich geübt, das ging sehr elegant, aber bei Bögen auf einem Schlittschuh bin ich immer noch hingefallen. Auf dem Rückweg in der Lennéstraße kam mir ein langer Mann entgegen in Braun, der war wohl SA, was Sturmabteilung bedeuten sollte. Solche hatte es früher nicht gegeben in dieser Gegend, schon eher in der Nähe des *Grauen Kloster*. Während er näher kam, habe ich mir gedacht, probier es doch mal, und ich habe es dann probiert und zum ersten Mal den Arm gereckt, stumm, aber doch. Und siehe da, er hat auch den Arm gereckt. Das muß er ja, habe ich mir gesagt, jedesmal, wenn jemand anders, dann muß er.

Vorher hatte ich ein bißchen Angst gehabt. Jetzt machte mir die Sache Spaß. In meinem Zimmer hing

noch von ganz früher ein selbstgemachter Hampel-
mann. Wenn man bei dem an der Strippe zog, dann
reckte er sämtliche Arme und Beine. Jetzt zog man
nicht, jetzt hob man den Arm. Öfter wollte ich das
machen. Es funktionierte so gut.

Ich habe es aber nie wieder gemacht. Öfter als einmal, das war kein Spaß mehr.

Ehre

Jedermanns interessanteste Zeit ist die vor seiner Geburt.

Brüder sind meine Großväter gewesen. Der Ältere war Ingenieur; nachdem er das breite eiserne Dach dem Anhalter Bahnhof aufgesetzt hatte, begann er, allein von dem Honorar zu leben für die Geschichten, die er schrieb. Der Jüngere war Chirurg und Professor und angesehen im Herzogtum Braunschweig. Genügend Morphium hat er getrunken, um zu sterben, 1895 in einer Novembernacht; ihm schien, seine Ehre habe er verloren. Denunziert hatten seine Assistenten ihren leidlich strengen Chef bei der Behörde: Dies und das habe er getan, was nicht heilsam gewesen sei für Patienten. In der Gestalt eines herzoglichen Staatsministers suspendierte die Behörde ihren chirurgischen Chefarzt, ohne die böse Nachrede zuvor zu prüfen. Im Abschiedsbrief an seine Brüder bat der Professor: *Sorgt dafür, daß meine Ehre öffentlich hergestellt wird.* Das war in dem Jahr, da auf dem Hof der Pariser Militärschule ein Oberst alle Mühe hatte, zwecks Degradierung den Degen des Hauptmann Dreyfus zu zerbrechen; das Ding wollte und wollte nicht kaputt gehen, ein Omen für was?

Nur Monate später saß zu Karlsruhe in dem beliebten Lokal *Zum Tannhäuser* Henning von Brüsewitz, Premierleutnant im Badischen Leibregiment. Ein Herr Siepmann kam am Tisch vorbei und stieß aus Versehen gegen den Stuhl des von Brüsewitz. Pardon, sagte er wohl, aber leider nur dies. Dem Premierleutnant war zumute nach einer ausführlichen Entschuldigung. Er bekam sie nicht und zog seinen Säbel. Ein couragierter Wirt fiel ihm in den Arm. Der von Brüsewitz schob die Waffe in die Scheide zurück und rief aus: *Ich bin in meiner Ehre tödlich verletzt, nun kann ich den Dienst quittieren!*

Nun ja, und statt dessen hat er wenige Minuten später im Hof des Lokals *Zum Tannhäuser* den vor ihm flüchtenden Herrn Siepmann mit wieder entblößtem Säbel totgestochen. Dann ging er leidlich beruhigt ins Lokal zurück und berichtete von der Bluttat. Sein Kommandeur hielt es für angemessen, den Totschläger zunächst weiter Dienst tun zu lassen. Herrn Siepmanns Tod ist ein Appell von vielen Bürgern an den Reichstag gefolgt, sich endlich zu befassen mit der Perversion des militärischen Ehrbegriffs. Für den Ehrbegriff von Zivilisten, ohnehin komplizierter, war der Reichstag nicht zuständig.

Der Hauptmann Dreyfus hat erst 1906 sich einen neuen Degen besorgen können – sollte ihm noch an einem gelegen haben. Meines Großvaters Ehre wurde 1898 um einiges öffentlicher hergestellt, als er sich das gedacht hatte. Zu danken war das den Bemühungen des Staatsministers Hartwieg, die Sache samt Ehre unter den Herzoglich Braunschweigischen Teppich zu kehren. Den Brüdern des Toten wollte er um keinen Preis die schriftliche Denunziation der Assistenzärzte zugänglich machen. Sie zwangen ihn dazu – und damit zu einem Totengericht – mit öffentlichen Anschuldigungen, auf die Assistenzärzte samt Dienstherr nur mit einer Klage antworten konnten. Freigesprochen wurden nach gründlicher Untersuchung mein anderer Großvater und mein Großonkel – mithin, zu Recht hatten sie angeschuldigt. Mein Großvater war nun tot in Ehren, doch dieser Tod war und blieb ein Schlüsselerlebnis für seine Tochter, meine Mutter; dreizehn Jahre war sie alt, als sie heimlich in den *Münchener Neuesten Nachrichten* las, was ihr nicht vor Augen kommen sollte, vom Totengericht zu Braunschweig über ihren Vater und vom Freispruch.

Was persönliche Ehre bedeutet und wie empfindlich der Ehrbegriff ist, das Gefühl für persönliche Würde also und für den Anspruch auf eine gewisse Achtung durch andere: Das kann von Jahr zu Jahr sich ändern.

Freesie weiß, Freesie rot

Georgs Onkel Willy starb einen Tod mit dem Beiwort *überraschend*, den Tod in der frühen Morgenstunde, eines Autors Tod, wie der Leser ihn erwartet: Am Schreibtisch saß er in einer Pension nahe dem Münchener Siegestor. *Auf Reisen sein Leben lang und ein Mann, der schrieb:* So etwa hat Georgs Vater es verstanden in seiner Totenrede für den Silvestertag 1934. Zwingend schien es, das Gästehaus und den Schreibtisch zu deuten als des Schriftstellers Willy Seidel letzte Metapher.

Doch auf Reisen ist der Onkel damals nicht gewesen. Seine kleine Wohnung war ein paar Schwabinger Straßen weit entfernt von der Pension; ihrer *sous-les-toits*-Romantik war er entflohen nur für die Weihnachtswoche, zu schwach, den ständig rauchenden Ofen zu besiegen. Und nicht um zu schreiben hatte am Schreibtisch er sich niedergelassen in seiner letzten Nacht. Kerzengerade bei Lampenlicht hocken überall auf der Welt Menschen für Stunden, frieren und wären lieber im Bett. Verengte Gefäße und Angst jagen sie aus den Decken. Doch immerhin ein wenig trifft die Metapher: Unter diesen Kranken die Schreiber eilen zum Sitzen dorthin, wo ein Schreibtisch steht oder es wenigstens ein bißchen aussieht nach Schreibtisch. Auch Georg wird so sterben, in höheren Jahren als sein Onkel Willy. Der war eben achtundvierzig geworden.

Am Heiligen Abend hatte es zum letzten Mal geschneit. Mäßig kalt waren die Nächte gewesen danach; ihre Morgenstunden hatten um Null Grad herum jene Qualität, die schon beinahe als Frühling empfunden wird und Verheißung. Es war Georgs und seiner Eltern erster Winter in dem Starnberger Haus. Um halb sechs Uhr morgens hatte das Telefon sie aufgeweckt. Ein Mann in der Pension am Siegestor stellte sich vor und sagte Georgs Mutter, der Herr Dr. S. im Nebenzimmer sei sehr krank geworden diese Nacht. Georg bestellte eine Taxe und war stolz darauf, wie das klappte. Er begleitete seine Mutter; was sein muß, muß sein.

Streusand zischelte unter den Kotflügeln auf der Straße nach München. Der Seethaler am Steuer (*Wann S' ankommen in Starnberg, dann rufen S' nur laut: Seethaler! – dann bin i scho' da*) blieb taktvoll oder müde schweigsam. Niemand anderer war unterwegs an diesem frühen dunklen Morgen. Weihnachtsbäume schliefen auf Plätzen und auf den Regendächern von Tankstellen; hellwach waren allein ihre elektrisch *goldenen Lichtlein*. Sie hätten, wäre Volk dagewesen, leidlich fröhliche Deutsche angestrahlt. Längst vergessen waren die Sommertage der sogenannten *Röhm-Revolte*, als Hitler die amtierenden Führer seiner *Sturmabteilungen* umbringen ließ und, weil er schon einmal dabei war, auch manchen konservativen Gegner. *Reichsmordwoche* hatten manche Leute diese Tage genannt, aber doch nur so zum Spaß. Onkel Willy war mit diesem Röhm auf der Schule gewesen.

An der Feldherrenhalle war vorübergehend die Stelle zu sehen, wo jedermann *aufpratzeln* mußte im Gedenken an Hitlers Marschierer von Anno 1923, den rechten Arm recken zum *Deutschen Gruß*, wenn er zu Fuß vorüberkam; im Auto brauchte jedermann das nicht, weil das unangemessen komisch ausgesehen hätte; im Gehen machte es sich angemessen komisch. Die Taxe fuhr auf das Siegestor zu. Georg spürte Angst neben sich: Seine Mutter hatte nicht ein Wort gesagt seit Starnberg. Die Taxe wendete und hielt vor dem Haus der Pension. Georg half der Mutter aus dem Wagen und hob ihren Krückstock auf, der war in den Rinnstein gefallen.

Der Herr, der angerufen hatte, öffnete im ersten Stock die Tür zur Pension. Er trug Schlafanzug und Morgenrock und stellte sich noch einmal vor. Georg kannte seinen Namen. Er hatte ihn sich gemerkt, weil Onkel Willy ihn genannt hatte bei seinem Besuch am ersten Weihnachtsfeiertag, genannt und behängt mit sehr unfreundlichen Worten. – Wie gehts meinem Bruder! fragte Georgs Mutter. Der Herr betonte, er habe Herrn Dr. S. *persönlich nicht näher gekannt*, doch der Arzt sei gekommen und leider zu spät und es täte ihm sehr leid. Er war ein langer, dünner, blasser Herr. Die Mutter bedankte sich bei ihm *für all Ihre Mühe*.

Daß Onkel Willy sitzend gestorben war, ist erst später zur Sprache gekommen. Niemand saß nun am Schreibtisch. Jemand, das war zu erkennen am deckenden Leintuch, lag auf dem Bett. Georg sah seiner

Mutter zu, wie sie dorthin ging mit besonders schwerem hinkenden Schritt. Bis zur Brust schlug sie das Tuch zurück. Onkel Willy trug ein Nachthemd. Auch im Leben hatte er einen vorzüglichen Kopf gehabt, ein geräumiges Haupt. Nun in der Gelassenheit des Todes, angetan mit der Kinnbinde, ruhte dieses Haupt wie ein Monument, hatte im Gesicht eine Entschiedenheit, die Georg zuvor nie gesehen hatte: Anmutig heiter war das Gesicht oft gewesen, oder wurde gezeichnet von Unruhe, und bisweilen von Schmerz. Nun schien es endgültig wie der Kopf auf einer alten Münze.

Onkel Willy ist der erste tote Mensch gewesen, den Georg zu Gesicht bekommen hat. Sein Leben lang behielt er im Gedächtnis das geprägte Haupt. Bis in seine Kriegsjahre hinein hat er gedacht, diese Endgültigkeit täte der Tod jedem Gesicht an. Als er aber an Onkel Willys Bett stand, fiel ein heißer Tag ihm ein im August 1932. Auf den ausgetrockneten Holzplanken des *Undosa Bad* über dem Wasser des Starnberger Sees sonnte seinen umfangreichen Leib Onkel Willy an der Seite der noch jungen, von ihm geschiedenen Frau und ihres neuen Gemahls. Sie waren *Freunde geblieben*, Tante Lieschen und Willy und Herr von N. Jedoch, der Onkel sah die beiden in der Sonne schmoren und fühlte sich ausgeschlossen. Georg allein genügte ihm da nicht. Noch immer vollbrachte er Knabenwunder, die Georg nie beherrschen würde. Auf seine Hände stellte er sich und ging spazieren über die Planken. Einen Splitter zog er sich ein und wurde ausgelacht. Da reckte er sich, und reckte noch ein wenig mehr sich, und

holte Luft. Und sprang. Und warf drei Lebensjahrzehnte weg im Salto, und ließ die ausgetrockneten
Planken dröhnen bei der Rückkehr seiner fliegenden
zwei Zentner.

Am Ende strich die Mutter ihrem Bruder über die
Stirn und deckte ihn wieder zu. Sie ging hinaus, fand
die Dame von der Pension und ein Telefon. Georg hörte sie sprechen mit Herrn Dr. Schauer. Er wußte, daß
sie es noch nicht glaubte. Er wunderte sich darüber
nicht. Sie kam zurück und sagte, Dr. Schauer würde
erst in einer Stunde kommen können. Sie wollte zu
Großmamas Wohnung fahren und dort die nötigen
Telefongespräche führen, hier ginge das schlecht.
Großmama war in Starnberg über die Feiertage.
Georg sollte bleiben und sich draußen hinsetzen.
Georg sagte, er wollte gern hier drin sitzen und hätte
keine Angst. Die Mutter ging, die nötigen Telefongespräche zu führen. Georg und Onkel Willy waren allein miteinander.

Als ein Mensch ohne Phantasie hat Georg sein Leben lang gegolten. Ganz richtig war das nicht. Er hatte
ein bißchen davon, konnte aber meistens dieses bißchen kontrollieren, es nach Wunsch an- oder abstellen.
Deswegen hatte er keine Angst vor dem toten Mann,
saß im Sessel und blickte bisweilen zum Bett hinüber.
Bücher lagen auf dem Tisch, doch schien es nicht richtig, zu lesen. Draußen wurde es hell, doch Georg ließ
die Vorhänge geschlossen. Sehr langsam verging die
Zeit. Georg hatte das Gefühl, dort drüben bei Onkel
Willy fehle etwas. Auch hätte er gern irgend etwas Begrüßenswertes getan. Am Ende verließ er das Zimmer

und sagte der Dame von der Pension, er ginge nur mal einen Moment weg. Nach Rauch roch die Stadt. Schnell mußte er laufen in der feuchten Morgenluft, denn erst in der Türkenstraße fand er, was er suchte. Dort war gerade geöffnet worden. – Nach die Feiertag' is eh nix Recht's da, sagte die Frau und war nicht interessiert. In einer Ecke fand Georg ein Glas mit sechs Freesien, vier weiß und zwei rötlich, alle etwas müde. – Wollen S' die wirklich? Eine Mark, weil's noch Weihnachten ist.

Georgs Mutter war noch nicht zurück. Verschiedene Stellen probierte er aus für die Blumen, die knapp gebündelt erscheinen sollten, aber die Blüten als Fächer, Freesie weiß, Freesie rot, mochte es auch mehr rosa sein. Asymmetrisch schien geboten, und der anmutigste Platz lag etwas über dem Herzen. Das bescheidene Dekorationstalent regte sich, das Georg später nutzte beim Arrangement von Geburtstagstischen oder der Komposition von Schnittchen mit Räucherlachs und Gurken. Bei einigen Toten hat es ihm auch später helfen können. Wieder saß er im Sessel, blickte hinüber zum Bett, und nun war alles richtig.

Herr Dr. Schauer und die Mutter hatten einander auf der Treppe getroffen. Die Mutter schien die Freesien nicht zu sehen, nahm sie aber weg, ehe sie und Georg den Arzt allein ließen mit Onkel Willy. Monate danach hat sie ihrem Sohn gesagt, das habe ihr gut getan mit den Blumen. Georg legte die Freesien wieder hin, nachdem Herr Dr. Schauer herausgekommen war, den Kopf geschüttelt hatte und der Mutter die Hand auf die Schulter gelegt. Haben Sie…? fragte die

Mutter. Herr Dr. Schauer nickte, und dann ging er weg.

Ich hatte ihn gebeten, sagte die Mutter, den Herzstich zu machen. Willy ist mit Geistern umgegangen und hat sich gefürchtet, lebendig begraben zu werden. – Sie stand am Fenster und weinte zum ersten Mal. Georg brauchte Zeit, bis er begriff, was sie gesagt hatte. Zwei Tage später dachte er daran, als er mit vielen Leuten in einer Kapelle stand auf dem Nordfriedhof. Lange Zeit war da nur ein Schild, auf dem war geschrieben *Seidel, Dr. W.* Dann kam durch den einen Gang auf Rädern der Sarg und durch den anderen sein Vater im Talar. Es hatte alles seine Ordnung und war schon viele Male getan worden.

Aus großer Zeit

Aus dem Reichswehrministerium hatte ein Major Foertsch in der *Berliner Illustrirten* uns wissen lassen, es werde *die Masse unserer Jugend wieder den Segen einer Pflicht verspüren, die vom Ganzen der Nation her dem Leben des einzelnen seinen Sinn gibt.* Alles nachzuschmekken in dieser Vision ist nicht einfach gewesen für die erwähnte Masse, also auch für mich nicht – zumal der Major sagte, es werde mit der Allgemeinen Wehrpflicht *die Bindung des einzelnen an diesen nationalsozialistischen Staat noch fester werden als bisher.*

Das war 1935. Nur fünf Jahre später stand ich im sonnengefleckten Herbstwald bei Charmes an der Moselle, ein gemeiner Soldat, und sah entsetzlich aus: Stahlhelm ins Gesicht gerutscht, Gasmaske, Schanzspaten und Seitengewehr über dem Hintern, Patronentaschen viel zu nahe an *GOTT MIT UNS* auf Koppelschloß und dieses nicht über dem Bauchnabel. Von der Schulter taumeln würde in Kürze der Karabiner, nur durch den Riemen gebremst, und wenig ließ sich tun gegen all das: In jeder Hand hielt ich ein Pferd. Das in meiner Rechten war braun und beritten gewesen mit Herrn Hauptmann Wolff; der weißliche Gaul in meiner Linken war froh, vorübergehend den finsteren Herrn Oberleutnant Vollkommer nicht tragen zu müssen. Zu Fuß richteten die Herren im Wald ein führendes Auge auf ihre Truppe, *einen Daumensprung* links oder auch *drei Daumensprünge* rechts. Wie schon seit Monaten schmeckte die Luft nach Sieg statt nach Tod, doch geübt werden mußte *im Gelände* Tag für Tag.

Frankreich erobert hatte ich nicht. Ich war *Ersatz*. Nie hatte jemand mich üben lassen, einem Pferd dermaßen nahe zu kommen, geschweige denn gleich zweien. Loslassen ging nicht. Zehnfüßig wie befohlen raschelte im Laub vom vorigen Jahr die *Gruppe Soldat und Rosse*, von weitem gesehen durchaus reif für den national geschärften Meißel von Professor Thorak oder für den bayerisch begnadeten Pinsel von Professor Padua; Künstler wie diese rücken Uniformstücke am falschen Platz allemal zurecht. Außer nach Sieg duftete es geballt nach Pferd: kein übler Geruch, wenn täglich gestriegelt wird. Jene Seelenruhe breitete sich aus in mir, die der Panik vorausgeht. Schon hatte der verwischte Apfelschimmel den Kopf hoch geworfen samt dem Stück Leder zwischen ihm und mir. Auch der Braune begann durchzuatmen, um schön sich aufzuregen. Noch hielt ich fest. Furcht vor den Folgen ist der Kitt, der alle Armeen zusammenhält, auch an den Nahtstellen zwischen Soldat und Roß.

Vierzig Minuten später erstattete den Herren Offizieren ihr Pferdehalter die Gäule zurück. Alle militärischen Accessoires auf diesem Halter saßen an den ungefähr richtigen Stellen. Etwas verkrampft habe ich mich trotzdem bewegen müssen, beteiligte mich aber an dem frischen Marschgesang zur Melodie von *Wohl-aufKameradenaufsPferdaufsPferd*, versehen mit einem Text aus dem schon erledigten Weltkrieg – den Ersten nannten wir ihn damals noch nicht, weil der Zweite als ein Zweiter uns noch nicht ganz klar geworden war.

Maschinengewehre, die kennt man noch nicht lang,
Diese herrliche, schöne Waffe!
Wo sie auftaucht, da wird dem Feinde so bang,
Denn sie macht ihm ja furchtbar zu schaffe!
Ob Infanterie oder Kavallerie,
Maschinengewehre versagen nie!

Der letzte Vers ist ein Produkt poetischer Freiheit: Nicht selten haben die Dinger versagt, sei es Poesie-Objekt MG 08 oder das nun zum Gesang herumgeschleppte MG 34. Der Refrain hingegen ist Ansichtssache:

Ja, wenn die Emgehs aufmarschieren,
Hipphipphurra, hipphipphurra,
Dann schleicht der Feind auf allen Vieren –
Hipphipphurra! Die Em-Geh-Ka!

Hier müßte es eigentlich heißen *Die Es-Em-Geh-Ka*. Maschinengewehre hatten auch ordinäre Infanterie-Kompanien, doch ohne großes Gestell darunter, darum *leichte* genannt. Uns aber, die Männer vom Schweren Maschinengewehr, hatte ein Waffenvisionär artilleristisch hochgequält mit Lafette. Fand sich jemand, der das *SMG-Zielgerät* begriff, konnten wir gar von hinter dem Berge schießen, ohne die schädlichen Folgen zu sehen oder unsere Köpfe für solche hinzuhalten; außerhalb der Übungsplätze hat dies meines Wissens nie jemand getan. Als unseren Privatbesitz haben wir stets das

76

zitierte Preislied betrachtet. Mir wurde es beigebracht in Brünn von Herrn Oberschützen Szetsche; er kultivierte eine attraktiv gewellte Frisur und hatte das Profil eines sehr blonden Schafs. So niederdrückend einförmig sagte er Liedertexte auf, daß man ihm am liebsten kondoliert hätte. Den Texten bekam das: Jedermann dachte zunächst, der Initialschock beim Anhören werde allein von Szetsches Modulation verursacht.

Ißt du gern Eier? fragte ich den Gefreiten Doll, der neben mir marschierte. – Schon, sagte er, aber woher welche kriegen. – Wer weiß, sagte ich.

Als die Gäule drauf und dran gewesen waren, einen grausam bedrohlichen Anblick zu bieten mit entblößten Vorderzähnen und erhobenen Vorderbeinen, dabei auch zu wiehern aus Leibeskräften, da raschelte es deutlich hinter mir. Eine Art von Schrei hörte ich, der an Wiehern erinnerte, doch eine Oktave tiefer lag als bei Pferden, der heiser war und von selbstgewisser Entschiedenheit: Gut abgeschliffen klang er, wie weitergereicht von Jahrtausend zu Jahrtausend, zu hören gewesen in Ur, vor Trojas Mauern oder am Nordrand der Großen Ebene. Noch gehorsamer als die beiden in meiner Hand hätten danach nirgendwo Pferde stehen können.

Das Gesicht einer alten Frau mit Kopftuch schob sich in mein vom Helm beschattetes Weltbild, ein leidlich fotogenes Gesicht, geprägt von großartiger Gleichgültigkeit gegen die Läufe der Welt. – Monsieur, sagte die alte Frau, erwischte im Fall meinen Karabiner, hing ihn wieder auf mich und wiederholte mit sanftem Tadel: Monsieur.

An einem Merci, Madame würgte ich, doch sie war nicht interessiert. Das Lederstück des Braunen nahm sie aus meiner Rechten und fügte es in meiner Linken zum Lederstück des Apfelschimmels. Vorsichtig langte sie in ihre Schürzentasche. – Pour vous, Monsieur, sagte sie und schob in meine nun freie rechte Hand zwei Eier, noch warm und dekoriert von Hühnerhintern.

Ein kräftiges Merci, Madame brachte ich diesmal heraus. Sie nickte befriedigt. So gehörte sich das. Sie verschwand aus meinem Weltbild. Buchenstämme hatte ich wieder vor Augen und Pferde-Details. Auch das Rascheln ihres Abgangs verlor sich. Wohl wußte ich, was geschehen war, doch ich glaubte mir nicht. Mitleid mußte die alte Frau gehabt haben mit mir. Vorübergehend schmeckte meine Luft ausgeprägt nach Tod: In seiner Nähe finden sich die mehr natürlichen Gefühle.

Sehr bewegt bin ich gewesen, aber man kann nicht lange herumstehen mit zwei Gäulen in der Linken und zwei frischen Eiern in der Rechten. Ich wagte es und ließ vorübergehend die Tiere los. Sie standen, als sei das ganz natürlich. Je ein Ei schob ich in meine Hosentaschen.

In Charmes, als wir auf der Brücke marschiert sind hoch über der Moselle, habe ich in Gedanken das zweite Ei dem Schützen Schroecker zugeteilt; Doll sollte das erste bekommen. Die alte Frau würde dagegen nichts haben, denn sie war ganz von dieser Welt. Wäre sie das nicht gewesen, sie hätte gewußt, daß ich geboren worden bin mit einer starken Allergie gegen Hühnereiweiß. In Schondorf, wenn es etwas mit Ei gab, wurde für mich extra gekocht.

*

Fahnen zum Schuljahrsbeginn zierten den Platz vor dem Haupthaus im Landerziehungsheim Schondorf. Meine Mutter und ich waren dort, um mich abzugeben. Vom Mast wallten viele Quadratmeter des weißen Banners mit dem Landheimwappen: stilisiertes Buch unter stilisierter Tanne. Vom Balkon herab flappte einiges Hakenkreuz: Ernst Reisinger, *der Chef*, hatte sich nicht aufgehalten mit der noch beliebten Verlegenheitslösung Schwarzweißrot. Entschlossen hatte er nachgegeben in diesem Frühjahr 1933, wo auf jeden Fall er würde nachgeben müssen: bei den Dekorationseffekten. Ein guter Lehrer war er und trefflicher Altphilologe, aber auch ein Altbayer vom Geblüt der geborenen Komödianten. Seine Schule wollte er behalten so wie sie war – was hieß, wenn hier einer auftrat in der Hauptrolle und dazu Regie führte, dann war das Ernst Reisinger.

Elf der zwölf Jahre lang ist ihm das dann geglückt. Wie er verfuhr, das habe ich zum ersten Mal erlebt und nicht begriffen, als der Primaner Hermann Solf nachts Wache schlief in der Bootshütte bei den Segelbooten. Solf, sandig salziger Berliner, hatte häufig nicht allein boshaft sich geäußert über die Herren vom nationalen Erwachen, sondern auch sträflich witzig. Austreiben wollte ihm das in SA-Manier ein mürrisch nazigläubiger Klassenkamerad: Mit Gleichgesinnten aus der Kommune Schondorf überfiel er nachts den Bootswächter und ließ ihm antun, was man damals *zusammenschlagen* nannte.

79

In den Vortragssaal befahl der Chef alle seine etwa hundertsechzig Schüler von der ersten bis zur neunten Klasse. Das Podium bestieg er, stellte sich klein und rundlich in Bundhosen und Trachtenjanker neben das Vortragspult, legte scheinbar ruhig den Tatbestand dar, bekam dann einen sehenswerten Wutanfall, bei dem er blau anlief, beruhigte sich wieder ganz und gar und teilte endlich mit, er dimittiere hiermit den Schüler N. dieser abscheulichen Tat wegen, was heißt, er schmiß ihn raus und das zehn Monate vor seinem Abitur. Es war ein erstklassiger Auftritt. Widerspruch erhob sich nirgends: nicht beim Kreisleiter, der bald darauf eine Ansprache vor den Schülern halten durfte; nicht beim Lehrer Staab, der nun endlich Gelegenheit bekam, versäumtes Bildungsgut abends den Schülern zu vermitteln, das *Horst-Wessel-Lied* nicht anders als *Oh Deutschland hoch in Ehren, du heilges Land der Treu*; und Lehrer Bauer konnte fortan an nationalen Feiertagen nach dem Lockruf *SA, SS, SA-Reserve!* fünf der erwachsenen Heimhelfer antreten lassen, Marschmarsch.

Es ist weithin übersehen worden (wiederum: damals natürlich auch von mir), daß Reisingers kalkuliertes Risiko nicht erst beim Rausschmiß auf seinen Höhepunkt kam, sondern schon bei der ausführlichen Stellungnahme des *Chefs* zum Verhalten des Schülers N. Über die bösen Prügel für Solf äußerte er sich angemessen, doch kurz. Jedoch, daß ein Landheim-Schüler Außenstehende, ja, Leute aus dem Dorf in den Bereich des Heims geholt hatte –: nichts, wirklich überhaupt nichts, das war Reisingers Ton anzumerken, konnte verwerflicher sein als das.

Mit solch schamlosem Elitismus ist der Redner glatt durchgekommen, und das hat Frucht getragen. Es gab natürlich drei oder vier Hände voll von Schülern, denen dringend lag am deutschen Erwachen. Reisinger hat sanft fördernd zugesehen, wie mit ihrer Hilfe im Lauf des Jahres für die Kleinen das Jungvolk sich bildete und für die Großen eine Abteilung Hitlerjugend. Zu vermeiden war beides ohnehin nicht. Es reichte so eben für eine Landheim-interne *Gefolgschaft*. Dieser Verband, korrekt angezogen und, von Ausnahmen wie mir abgesehen, auch sportlich-schneidig, sah nur für sehr gute Beobachter so aus wie ein Privatunternehmen des Landheims. Niemanden gab es darin, der von außen kam. Brav zeigte man sich einmal pro Woche für Stunden im braunen Hemde und sprach danach vor dem Umziehen: Wir beendigen unseren heutigen Dienst mit einem dreifachen Sieg-Heil auf unseren Führer und die Bewegung, unser Führer und die Bewegung Sieg-Heil! Sieg-Heil! Sieg-Heil! Höhere Führer der Hitlerjugend kamen immer seltener zu Besuch. Sie graulten sich vor diesem scheinbar perfekten Häuflein, zumal als *Scharführer* und *Gefolgschaftsführer* jedes Jahr sich halbwegs gläubige straffe Erscheinungen finden ließen.

Das Schauspiel im Vortragssaal hat mir Eindruck gemacht. Im Unterbewußtsein fand dazu die Erkenntnis sich an, nichts auf Erden habe einen so großen Unterhaltungswert wie ein ernstes, dramatisches und etwas gefährliches Ereignis, das man sich in Ruhe ansehen darf als Unbeteiligter.

*

In einem Schlafsaal schliefen wir in der vierten Klasse, zwanzig Knaben, und vor manchen hatte ich Angst. Doch eine englische Schule oder ein Kadetten-Institut war Schondorf nicht: Am Leibe blieb man unbeschädigt. Ein Lehrer schlief Aufsicht, der ging nachts noch herum und legte die Decken zurück auf Kinder, denen sie heruntergerutscht waren. Schlafsäle für Jugendliche müssen empfohlen bleiben als Einübung ins Dasein: Selbst in unseren Tagen entgeht ihnen nach dem Heranwachsen kaum einer.

Zwei Betten von mir entfernt schlief der sächsische Knabe, der fast ein Schuljahr lang mich gequält hat, bis ich eines Tages verzweifelt wider Willen auf ihn eingehauen habe. Das hätte ich mir sparen können. Zum Jahresende verließ er die Schule. Eigentlich schuld war der eben noch gepriesene Ernst Reisinger. Er hatte sich angewöhnt, auf dem erwähnten Podium jeden Neuzugang den Schülern vorzustellen mit charakterisierenden Worten. Nach Ostern kam es stets ein bißchen dicke damit, und zu mir fiel mit Recht ihm nichts ein, ausgenommen der leider einprägsame Satz, den meine Mutter versehentlich gesagt hatte am Tag zuvor: Er liest viel und hat Gefühl für Qualität. – Das war übertrieben, aber was alles sagen Mütter nicht über Söhne. Beim *Chef* wuchs sich das aus zu einem Lobpreis derer, die wie ich gute Bücher läsen, im Gegensatz zu den vielen, die das nicht tun.

Weniges lädt dermaßen ein zu Hohn und Spott wie eine öffentliche Anerkennung dieser Sorte. Von ande-

ren Mitschülern wäre sie nach ein paar Wochen vergessen worden, der sächsische Knabe aber prägte
prompt den Spitznamen *Edle Lideradur* und brüllte ihn
mir Tag für Tag nach, oder aber in die Ohren.

Nach meiner späten Befreiung davon habe ich eine
Zuneigung entwickelt für Kriminalromane und Span-
nungsheuler; nie wieder bin ich sie ganz los geworden.

*

Wecken zu Freiübungen oder zum Waldlauf Viertel
nach sechs; vormittags fünf Schulstunden und eine
Stunde Sport, sechs Tage in der Woche. Nachmittags
Arbeit in den Werkstätten oder in der Gärtnerei, danach zwei Stunden Arbeit für die Schule; ein Abend
reserviert für die Kameradschaften (nicht die der Hit-
ler-Jugend, die des Landheims: kleine, übersichtliche
Einheiten, ein Lehrer, zwölf Schüler), ein Abend für
Musik, einer für Vorträge. Zuviel freie Zeit tut nicht
gut, gar keine aber auch nicht; ein bißchen davon hatten wir. Ich blieb ein mäßiger Schüler, leidlich allerdings in Deutsch. Auf ein Jahr Schlafsaal folgten Zimmer in verschiedenen Häusern, erst eines für vier Knaben, dann welche für zwei.

Im Sommer der *Viererbude* bin ich Kopf voran in
den Ammersee gesprungen. Es war dort nur einen
Meter tief, und ich wußte das. Gründe für diesen idiotischen Sprung gab es nicht, allenfalls Sommer- und
Wasser-Trunkenheit. Im Schwabinger Krankenhaus
wurde meine geschändete Wirbelsäule gestreckt und
der Kopf auf Wochen fixiert mit einem orthopädi-

schen Bauwerk. Diese Zeit verbrachte ich bei meinen Eltern, nun angesiedelt im Hinterland vom Starnberger See. Dort wurde mir eines Morgens das Exemplar der *Münchener Neuesten Nachrichten* entzogen: Mein Vater wollte nicht, daß ich meinen Sprachschatz um Worte und Begriffe wie etwa *Lustknaben* erweitere. Sie standen auf Seite eins, erschaffen von Goebbels mit der Ministerfeder, ein reichlich barocker Exzeß, wo doch der handliche und für den Zweck viel besser geeignete *Strichjunge* zur Verfügung stand. Wahrscheinlich nahm er an, dieser Begriff sei dem deutschen Gemüt noch fremder als ein *Lustknabe*. Genügen mußte er, zusammen mit einem bißchen Konspiration, die Tötung zu rechtfertigen von ein paar möglicherweise homosexuellen SA-Führern; konnte er auch ausreichen, um Hitlers, Görings und Himmlers erste Einübung in den Massenmord zu rechtfertigen an deutschen Bürgern?

Die Lustknaben mit allem Drum und Dran vom Tegernsee, vom schnöden Verrat und vom Führer in seiner schweren Stunde, die hatte ich bereits konsumiert vor dem Zeitungsentzug. Was Lustknaben sind, habe ich auch dann nicht begriffen, doch etwas Angenehmes konnten sie nicht sein. Immerhin hatte Herr Dr. Goebbels bei mir eines erreicht, die Umwandlung von Mord in Melodrama. Unterhaltungswert für den Unbeteiligten: schändlich, doch selten ganz zu löschen. Stets stellt Entsetzen später erst sich ein.

Fast vierzehn Tage lang hat Hitler gebraucht, bis er eine Rechtfertigungsrede abgeliefert hat: vor seinem Reichstag für das Volk am Lautsprecher. Die meisten

Leute haben ihm geglaubt, bereitwillig, wo es die SA-Chefs anging. Zögernd wurde daran gezweifelt, daß Kurt von Schleicher und andere ermordete Konservative todeswürdige Verbrechen geplant haben sollten an ihrem Land. Geglaubt worden ist es am Ende doch: Zu ungeheuerlich schien jede andere Möglichkeit, um auch nur bedacht zu werden. Der Juli 1934 wird als ein Abschnitt deutscher Geschichte bis heute zu leicht genommen. Während seiner Wochen hat ein Verdrängungsprozeß stattgefunden in den Hirnen einer Mehrheit von Bürgern; so nachdrücklich hat er gewirkt als Dauertonikum, wie die erste Einübung in den Massenmord ein permanenter Anreiz geworden ist für Himmlers Ordensburschen.

Im August durfte ich wieder schwimmen gehen, tat es jeden Tag, sprang im *Undosa-Bad* auch vom Zehnmeterturm, aber mit den Füßen voran. Auch starb der Pater Patriae, und Hitler empfahl ihm in aller Öffentlichkeit: *Toter Feldherr, geh nun ein in Walhall!*, was mir Eindruck machte. Schon hatte der eifrige Herr von Blomberg alle Soldaten die Schwurfinger heben lassen, um ihre unverbrüchliche Treue zu verlagern von Deutschland auf Hitler persönlich. Lustknaben sind auf der Seite eins unserer Zeitungen nie wieder aufgetaucht.

*

Er ist gefallen, er ist ein guter Mensch gewesen, ich nenne ihn Walthari. Ein Rätsel hat er mir aufgegeben, das ich nie ganz habe lösen können. Ich glaube, er selbst ist an diesem Rätsel gestorben. Was auch ihn fallen ließ, es war nur die Ursache. Der Grund liegt anderswo.

Walthari hatte einiges von dem Temperament, auf das sein leidenschaftlicher Ausdruck schließen ließ. Wenn es je so etwas gab wie ein *feuriges Auge*, dann seines. Gedichte hat er gemacht, und manchmal hat er auch gesprochen wie ein Poet. Meistens war er zusammen mit dem Sohn eines jüdischen Gelehrten. Auch jener ist gefallen im Krieg.

Grelle Späße hat Walthari getrieben zusammen mit ihm, stets an der Grenze zwischen Flachsereien und Ketzereien: Böse Parodien haben sie geliefert auf das Begeisterungsgetön aus dem Radio und in Filmen, *Na Junge, Klar Junge, Tadellos, Junge!* Dem Ton und dem Tonfall der Hetze haben sie nachgespürt und nur ein bißchen mehr Phon gegeben: *Juda? Pfui Deibel, pfui Deibel!* All das ist so eben noch Spaß gewesen, damals hart an der Grenze. Vor Fremden blieben sie still. Waltharis Verse waren übrigens eher samten romantisch.

Allmählich, nach etwa anderthalb Jahren Spielerei, hat das zart hysterische Scherztrompeten sich verwandelt, war nicht wiederzuerkennen, und das, obwohl Worte und Grundmelodie die gleichen gewesen sind. Noch immer haben die Begeisterungstöne bestechend schwachsinnig sich angehört, aber dem Walthari klangen sie gar nicht mehr humoristisch. Sie waren echt geworden. Sie kamen aus dem Herzen, wie man sagt. Anzubeten begann Walthari, was er ausgespottet hatte. Selbst *Juda, pfui Deibel* hatte nun jenen Grundton von

Überzeugung, die des Sprechers Intelligenz auslöscht. Waltharis Gefährte war noch im Landheim, nur war er nicht mehr sein Gefährte.

Was ist das für ein Augenblick gewesen, in dem Walthari sich selbst umgedeutet hat? Was war über ihn gekommen? Die Worte belassen, die Person vertauschen: Hätte er das auch im normalen Nazi-Alltag unternommen, außerhalb des dünnen Kokon-Schutzes namens Landheim?

Als Berufssoldat hat er sich gemeldet. Ich habe ihn dann noch einmal gesehen, feurigen Auges und stolz auf den Schleppsäbel, wie die Wachtmeister ihn damals tragen durften nach dem Dienst.

*

Schlecht beleuchtet gewesen sind die breiten fensterlosen Gänge im Schondorfer Haupthaus. Der erste und zweite Stock des Nordflügels über dem Speisesaal barg die Klassenzimmer. Unter dem Dach hatte der *Chef* Amtszimmer und Büro; geduldig ist er sein Arbeitsleben lang mehrmals täglich die drei Treppen gestiegen. Bei der Einteilung der Klassenzimmer war ein Raum übrig geblieben. Viel helles Holz war auf ihn verwendet worden, als Täfelung und für Gemeinschaftsmöbel im Stil der frühen *Deutschen Werkstätten*. Auch Bilder hingen dort, gar nicht abstrakt, doch symbolisch – etwa *Die Jahreszeiten*. Das *Schöne Zimmer* hieß dieses Sanctum; im Schrank lagen betagte Hefte von *Velhagen & Klasings Monatsheften*. Wollte ich allein sein, was öfters vorkam und mit Besorgnis beobachtet wurde, ging ich ins *Schöne Zimmer*. Niemand sonst kam dorthin, ausgenommen allwöchentlich zum Tagen unter dem Schülerpräses die Mitglieder des *Ring*, dem Organ der Schülermitverwaltung. Sehr viel tat diese Verwaltung nicht, doch sie vermittelte, wie das auch heute ist bei Mitverwaltungen dieser Art, ein angenehmes Gefühl.

Dort habe ich gesessen, in alten Monatsheften geblättert, und es war mir leidlich wohl. Zwar habe ich vergessen, was auf den Bildern dargestellt war, weiß mittlerweile aber, was mir hier gefiel, obwohl ich es eigentlich nicht mochte. Es war jene Sorte von bürgerlicher Kultur, die jenseits der Avantgarde aufgeblüht ist in den Zwanzigerjahren. In dermaßen reiner, fast museumsreifer Form kam sie sonst nicht vor und bedrückte deswegen ein wenig mit ihren Annehmlichkeiten: der Geist des späten Rilke, aber auch ein Hauch von Muschler; Mißverständnisse aus der Richtung Bauhaus und ein bißchen von jenem Positiven, das vermißt wurde bei Erich Kästner; guter Wille und Bohnerwachs.

Gern wüßte ich, wie das *Schöne Zimmer* sich ausgewirkt hat auf die Mitglieder des *Ring*. An dem großen Tisch beschäftigten sie sich auch mit der Lektüre der *Schüler-Urteile*, Beurteilungen, die zunächst innerhalb der Klasse formuliert wurden von Schülern über Schüler. Das reichte von *Muß sich zusammennehmen* über *Setzt sich ein* bis zu der Traumnote *Allgemein anerkannt*. Über diese Sitte zu urteilen, fällt mir heute so schwer wie damals, denn ich bin stets schlecht weggekommen. Sei's drum: Ich zweifle, daß es auf die Charakterbildung der Betroffenen mehr Einfluß gehabt hat als ein Verriß auf den Autor eines Romans. Trotzdem, nicht dem Geist der neuen Zeit entsprach die Sitte und blieb deswegen fast jedermann lieb und teuer, auch als eine im Zeugnis eingetragene Formulierung.

Noch ein anderes Urteil über mich machte mir Kummer, doch mehr als eine schwer begreifliche Belästigung: Eines Abends hatte der Kameradschaftsführer und Herr Vikar gefragt, was denn jeder so werden wolle. Nicht alle Vierzehn- oder Fünfzehnjährigen wollen etwas werden. Ich bin so einer gewesen, und ich fand die Frage töricht. Drum antwortete ich, um meine Ruhe zu haben und auch ganz offensichtlich im Scherz: Vagabund natürlich. Nie habe ich ganz begriffen, warum nicht nur der Herr Vikar, sondern auch meine Mutter mir so vorsichtig Fragen gestellt haben, wie man sie an einen Kranken stellt: Ob das denn wirklich erstrebenswert sei? Ob ich mir da auch das Richtige vorstellte? Beschämt und gerührt habe ich Jahrzehnte später in den Papieren meiner Mutter eine ganze schürfende Korrespondenz gefunden zwischen ihr und dem Geistlichen. Sehr, sehr beunruhigt klang der Herr Vikar; etwas leichter hatte meine Mutter es genommen. Keiner von ihnen hat je geradeheraus gefragt: Warum zum Kuckuck Vagabund?

Das Ärgerliche ist, ich habe am Ende diesen Beruf tatsächlich ergriffen. Jeder Journalist ist ein Vagabund im Wartestand. Ein *Reisender Korrespondent für Westeuropa* darf gelten als Vagabundenmodell mit Kompressor.

1936 fanden in Berlin die Olympischen Spiele statt, und auf Schondorfs Sportplätzen bescherte die gastgebende Mannschaft des Landerziehungsheims eine überraschende und komplette Niederlage den verblüfften Nazi-Keimlingen der Parteischule in Feldafing. Nicht einmal Revanche mochten sie verlangen. (Zugegeben, Reisinger hat dann und wann besonders begabte Sportler im Schulalter aufgenommen zu sehr ermäßigten Gebühren. Auch die Gebühren für mich waren ermäßigt, und nichts an mir hat es gegeben, das das gerechtfertigt hätte.)

Wie toll haben die Kastanien geblüht in diesem Frühsommer. Ich erinnere mich daran, weil ich einerseits meine romantische Verehrungsperiode hatte und andererseits des Zuspruchs recht bedürftig war, aber keinen bekam; ein dicker Knabe mit rutschenden Wadenstrümpfen braucht sichtlich keinen Zuspruch. Auch ich hätte mich nicht aufgerafft, mir zuzusprechen.

Da war ein Lehrer, der war vermutlich ein bißchen baltisch und hieß von Reutern und hatte nur einen Arm und tanzte Kosakentänze in Kniebeuge zu wilden Melodien. Im Stehen sah er ein wenig aus wie ein gekränkter Enterich. Ich mochte ihn, doch nie haben wir ein Wort gewechselt miteinander.

Ein schöner warmer Abend ist es gewesen und einer der wenigen, der frei war für alle Schüler und Lehrer. Ich habe vor dem Haupthaus-Eingang gesessen, habe entschwindenden Stimmen nachgehört, wußte wenig mit mir anzufangen und sah eine gute Stunde lang zu, wie Herr von Reutern unter den Kastanien hin und her ging mit einem älteren Schüler, und tief im Gespräch sind sie gewesen und sprachen und sprachen und sprachen. Die Schlafenszeit war nahe. Immer noch sind sie gegangen, haben gesprochen.

Mein Gott, ich wüßte nicht, wen je ich mit mehr Leidenschaft beneidet hätte als diesen Schüler.

Georg von Reutern steht in der Landheim-Liste *Unsere Toten*, was nach deutscher Übung heißt *Unsere Gefallenen*; ich hörte, er sei umgekommen in Griechenland, und die Geheime Staatspolizei sei beteiligt gewesen an den Umständen. Der Schüler hieß Christoph Probst und steht nicht in dieser Totenliste. Dabei, wenn jemand für sein Land gestorben ist, dann gewiß er.

*

Ausgestorben im dreizehnten Jahrhundert ist das Geschlecht der Grafen von Andechs. Zweihundert Jahre danach bauten auf den Ruinen ihrer Stammburg die Benediktiner ein Kloster über dem Ammersee. Später fügten sie eine barocke Kirche hinzu als Schatzhaus wundertätiger Reliquien, und auch eine Brauerei samt Ausschank. Mithin, zwei Sorten von Wallfahrern pilgern nach Andechs. Bei der eingesessenen Bevölkerung ist allerdings häufig eine Absichtsbündelung zu beobachten.

Ein Graf von Andechs ist auch Rasso gewesen, ehe er ein Heiliger wurde und trefflicher Fürbitter aller

Gläubigen, die es in der Blase quält. Auf dem Berg Andechs herrscht allein die Gottesmutter und hilft, so wird gesagt, bei jedem Kummer. Rasso ist zu erreichen am Flüßchen Amper in Schilf-Einsamkeit mit bescheidener Kirche. Dort stand einst die Hütte, die den vordem stolzen Kreuzfahrer beherbergte, in Demut und Gebet, und wahrscheinlich mit einem schlimmen Blasenleiden. Seine wunderbare Heilung könnte zu tun haben mit der radikalen Umstellung von Diät und Lebensweise: gestern schweifender Krieger und begüterter Edelmann, heute mittelloser, aber seßhafter Eremit. Sein Ort heißt nach ihm: Grafrath.

Im Frühjahr 1937 habe ich von alledem nur gewußt, daß dankbare Gläubige nach erbetener Hilfe oder Heilung zur Kirche gemalte Tafeln bringen, auf denen die Rede ist von Hilfe, Heilung und Dank, oft mit Bildern. So hatten die Gläubigen es zuvor gelobt: daher von *Ex voto* die Benennung *Votivtafeln*. Das Ministerium hatte unser Abitur um ein Jahr näher gebracht (Hitler und sein Herr Foertsch brauchten noch mehr junge Soldaten), und in Schondorf waren wir gehalten, während der Monate davor eine Art von Mini-Doktorarbeit zu liefern über ein selbstgewähltes Thema. Ich hatte mir die Votivtafeln ausgesucht, für einen protestantischen Pfarrerssohn eine übertrieben aparte Wahl. Volkskunde sei es, versicherte ich, nichts als Volkskunde. Die Wahrheit war, daß mir kein anderer Gegenstand eingefallen war, und auch, daß ich meinte, dieser sei besonders einfach zu handhaben.

Zunächst brachte er überraschend viel Knochenarbeit. Als zu Andechs ich die freundlichen, wenn auch erstaunten Benediktiner um Erlaubnis bat, Votivtafeln abschreiben zu dürfen, erschien ein langer Mönch, der mir eine sehr lange Leiter gab. So wenig hatte ich mich vorbereitet, daß ich nicht einmal wußte, wo die meisten Votivtafeln waren: angenagelt über den hohen Türen unter der Empore. Wie eine Fliege habe ich dort oben geklebt mit Bleistift und Block, habe nach Kräften gekritzelt *Maria hat geholfen*; geholfen hatte sie seit vielen Jahrzehnten bei schwerer Krankheit und großem Leid. Der Votivdank dafür hing bunt durcheinander, bar jeder zeitlichen Reihenfolge. Wahllos waren von einer anderen Wand die Tafeln hier hinaufgebracht worden und angenagelt, vielleicht sogar nach dem Prinzip eines angenehmen Farbmusters für aufblickende Augen. Theologisch vertretbar ist das: Nicht auf den Zeitpunkt kommt es an des einzelnen Dankes, sondern allein auf die geballte Gesamtwucht. Nur für mich war es ärgerlich, den forschenden Volkskundler. Schon gar nicht war in wenigen Tagen festzustellen, wie es bestellt sei mit dem Pegel der einzelnen Anliegen. Kühn habe ich diese vorgesehenen Analysen gestrichen, und außer mir hat sie niemand vermißt. Maria hat auch einmal geholfen, ein religiöses Buch erscheinen zu lassen, das niemand hatte drucken wollen.

Scharen von Gläubigen und Scharen auch von mehr ästhetischen Touristen sind freundlich zu mir gewesen. Auf der Toilette, an der geteerten und berieselten Wand, traf ich die Ausschank-Wallfahrer. Auch Mönche erleichterten sich hier. Ein Gast sprach zum Mönch: 's Bier is fei guat. – Ungerührt und ohne Antwort pritschelte der kräftige Benediktiner. Das ärgerte den Gast: Fei guat is, hob i g'sagt! rief er dringlich. Der Benediktiner schloß die Kutte, zog die Kordel nach. – Ja mei, sagte er und ging.

Nach Andechs und auch nach Grafrath bin ich während der Ferien mit dem Rad gefahren von Starnberg aus. Stets schien es an der Amper milde zu regnen durch die Sonnenstrahlen, gelassen gluckerte das Flüßchen, freundlich zischelte Schilf: Zum ersten Mal hatte ich nötig und spürte dort die Art von Frieden, nach der jedermann häufig im Leben sich sehnt und die er selten bekommt. Die Kirche wurde wenig besucht. Hier fanden die Votivtafeln sich hinter der Wand, die den Altar abschloß. Es waren nicht so viele Tafeln, und säuberlich eingehalten war ihre Zeitabfolge. Jedoch, alles sah einfacher aus, als es war. Nervosität war den Texten anzuspüren und selbst den Bildern. In der Komposition nahezu jeder Tafel war einbegriffen das Indiz für Hilfe und Heilung: Blasensteine in allen möglichen und auch einigen unmöglichen Größen. Zunächst habe ich das recht lustig gefunden, allenfalls rührend.

An einem Spätnachmittag ist ein Mann gekommen mit einer neuen Tafel. Er war ein kleiner dünner Mann und sprach ein sehr sorgsames Hochdeutsch. Einen Bohrer hatte er bei sich, den Schraubenzieher und vier dicke Schrauben samt Dübeln. Selbst verankert hat er seine Tafel. Er fragte, was ich hier täte. Ich sagte es ihm. Ächzend mit Wucht drehte er die Schrauben hinein und wurde gesprächig: Meine andere Tafel vor drei Jahren, die hat nämlich jemand gestohlen. Aus der Kirche. Das ist häßlich.

Und die hier ist der Ersatz?

Nein. Die ist für einen neuen. Der war noch schlimmer. Kein Arzt hat da helfen können. Nur Graf Rath. Das können Sie auch aufschreiben.

Ich wußte nicht recht, was ich sagen sollte.

Da schreiben Sie also alles auf. Das macht Ihnen bestimmt Spaß. Wie groß ist denn Ihrer gewesen?

Meiner? Ach so – ich meine, ich habe keinen gehabt. Ich meine, ich bin erst siebzehn… Ist das nicht was für alte Leute?

Den können sogar Kinder kriegen. Sie haben nie einen gehabt!? Da will ich Ihnen mal was sagen, junger Mann. Sie finden das vielleicht etwas komisch hier. Wenn so einer mal raus will und hat Kanten und Spitzen, und das geht eine Nacht lang oder auch zwei – ich würde Ihnen das gerne wünschen, aber hier in der Kirche tue ich das nicht. Sie wissen ja nichts. Sie dürfen überhaupt nichts aufschreiben, wenn Sie nichts wissen.

Der Nachmittag war schwül gewesen. Von Süden her fing es an, leise zu donnern. Im Wind das Schilf vor der Kirchentür beschimpfte mich auch. – Ich schreibe doch bloß, was auf den Tafeln steht.

Dann schreiben Sie mal meine auf. Mir ist das gleich.

Auf seiner Tafel war die Kirche abgebildet und eine sehr breite Amper. *Dank! Wieder hat er geholfen!* stand darüber in großen Buchstaben. Mitten in der Amper aber, um einiges kleiner: *Heiliger Rasso, bitt' für uns und gib gewissen Leuten große Steine!*

Nie wieder haben wir einander gesehen. Ein gutes Jahrzehnt später habe ich angefangen, viele Sachen aufzuschreiben, von denen ich bei weitem nicht alles gewußt habe. Aber recht hatte auch er, andererseits.

*

Da urinieren S' eini, sagte der Sanitätsgefreite. Fast unmittelbar danach, durchaus zur Unzeit noch, rief er: Stop! Das blieb die einzige militärische Übung. Der Herr Oberarzt war durchaus höflich.

Auf Rädern waren wir gekommen diesen Novembermorgen nach Landsberg am Lech, dem Ort von *Mein Kampf*, aber auch mit harmlosen Kasernen. Zu dritt hatten wir beschlossen, Herrn Foertsch und seinen *Segen einer Pflicht* frontal anzugehen: Gleich nach dem Abitur wollten wir die Sache hinter uns bringen zwei Soldatenjahre lang und dann unsere Ruhe haben. Nach der Untersuchung hat jeder einen verbotenen Schoppen Wein getrunken morgens um elf, und schön langsam sind wir zurück nach Schondorf gefahren.

Die beiden anderen sind genommen worden. Mich haben sie nicht gewollt: Offenbar wurde der deutsche Heerbann vorwiegend mit Hühnereiern ernährt. Eine kurze Zeit lang hat mich das verdrossen. Spät erst habe ich mein ungemeines Glück begriffen mit diesem Geschenk von zwei Jahren ohne *Ehrenkleid der Nation*. Richtig angefangen hat die Sache ja erst um die Zeit, zu der die beiden anderen die Sache hinter sich gebracht zu haben vermuteten.

Den Foertschen dieser Welt soll man freiwillig nicht den kleinsten Finger reichen. Den holen sie sich schon selber, zusammen mit der ganzen Hand.

*

Nach dem Schriftlichen in Mathematik empfingen wir
mehr privat Kanzler Schuschnigg von allen österreichischen Sendern. Während des deutschen Aufsatzes
plätscherten die behelmten Foertsche im Vollbad des
nichtendenwollenden ostmärkischen Jubels. Während
meiner Niederlage in Physik und Chemie kehrte Hitler
dorthin heim, wo er nicht geblieben war und auch jetzt
nicht bleiben wollte. In Pausen zwischen ungemeinem
Begeisterungsgebrüll sagte er den Wienern, es sei vielmehr die Heimkehr seiner Heimat in das Deutsche
Reich, und dieses melde er vor der Geschichte.

In Geschichte war ich ganz leidlich. Aber was für
eine Reifeprüfung – und was für eine Prüfung welcher
Reife? Knapp kam ich durch, doch durch kam ich, bei
penetrant gutem Wetter, mit jedermann in bester Laune. Dabei, kaum jemand in Schondorf war an Österrei-
chern interessiert. Ein paar hatten wir selber, die reichten uns vollauf.

Nur mit Maßen nach Freiheit hat die neue Freiheit
geschmeckt des bestandenen Abiturs. Wir waren nicht
verwöhnt. Wir kosteten von dem, was wir bekamen.

*

Mit dem Rad zum Schwimmen fuhr ich durch Starnberg an einem heißen Sommernachmittag. Neben der
Haarnadelkurve auf den Stufen zum Bäcker Maier saß
ein kleines Mädchen, das sang ein Liedchen vor sich
hin. Ich mußte auf einen Lastwagen warten, der die

Steigung hinauf sich quälte, und hörte das Lied zweimal:

Ihr denkt, ihr denkt,
Der Mond geht unter,
Er fällt herunter –
Er tut bloß so.

Fortan habe ich das Lied immer sehr schön gefunden, und es hat mich oft getröstet. Endgültig beherrschte ich den Text, nachdem ich ihn ein drittes Mal
gehört hatte am gleichen Nachmittag. Das kleine
Mädchen hat noch dort gesessen, als ich nach zwei
Stunden zurückgekommen bin vom Schwimmen; immer noch hat es gesungen *Ihr denkt, ihr denkt...*

Noch an eine andere Stimme erinnere ich mich auf
Anhieb aus diesem Münchener Jahr 1938. Die Stimme
hat mich gemeint. Sehr viel anderes gehörte zu den
Kollektiverlebnissen, die man teilt mit vielen Tausenden – oder auch mit Millionen, wie die Angst vor
einem Krieg im Herbst. Da war die Immatrikulation,
dieser Vorbeimarsch an langen Bürokratentischen,
samt dem Kunststück, vorbeizukommen an den
Schaftstiefel-Gockeln des NS-Studentenbundes, ohne
ihrem Verein beizutreten. Da war die Überraschung,
daß manche Professoren in recht gutem Deutsch lehren, wenn auch Schlegels *Lucinde* nicht unbedingt zu
meinen Bedürfnissen gehörte. Dann habe ich erkannt,
daß man nicht immer hingehen muß, auch wenn man
eine Vorlesung *belegt* hat. Bald wölkte schlechtes Gewissen, weil zu oft nicht hingegangen, sondern amerikanische Filme angesehen und deutsche natürlich
auch, wie *Die vier Gesellen* mit Ingrid Bergman in ihrer

ersten nennenswerten Rolle. Auch habe ich gedichtet in Poesie und Prosa und fühlte mich entsprechend auserlesen. Gern würde ich behaupten, träge sei ich gewesen, weil angesichts kommender Katastrophen Arbeit nicht mehr lohnend. Jedoch, träge bin ich gewesen, weil faul.

Einen amerikanischen Studenten lernte ich kennen, der suchte unermüdlich nach neuen Biersorten. In Bayern ist das der nahezu ideale Vorwand, alles nur Denkbare auszuspähen, Hitler selbst möglicherweise ausgenommen. Vergebens habe ich geharrt der Memoiren dieses Spions. Jedoch, er hat beim Probetrunk jede Maß auch ganz geleert und es dabei oft nicht belassen. So ist das Jahr dahingeplätschert. Willy Forst hat *Bel Ami* inszeniert und gespielt, und seinen eigenen Text grölte nach dem Titelsong der bayerische Klamottenkomiker Weiß Ferdl: *Du hast Schiß vor'm Kommiß, Alois!*

Wasser unter der Brücke. – Die andere Stimme habe ich gehört im November, als ich nach Hause gekommen bin aus einer zeitungswissenschaftlichen Vorlesung. (Zeitungswissenschaft hatte damals die gleiche Funktion, wie in den Sechzigerjahren Soziologie sie bekam und immer noch hat: macht interessant, aber keine Arbeit, erlaubt jede Sorte von Geschwätz.) In einem Haus der Franz-Joseph-Straße war mein Zimmer. Im Hausflur standen Leute herum. Die ersten Stufen stieg ich, als einer brüllte: Sie da – ja, Sie mein' ich! – Ich sah ein Buchhaltergesicht über einem harmlosen Mantel. – San Sie a Jud? fragte er.

Nein, sagte ich. – Und Sie?

San Sie fei vorsichtig, sagte er. Aber das war alles. Ich bin hinaufgegangen in mein Zimmer.

Das war am Tag nach der *Kristallnacht*, am Tag der ersten öffentlichen Jagd auf Juden, wenn man den Boykott-Tag am 1. April 1933 nicht mitzählen will, und wenige tun das. Nichts davon zu sehen war gewesen zwischen Universität und Franz-Joseph-Straße.

Nein, wir haben wirklich fast nichts gewußt. Ja, wir haben gedacht, schließlich sind wir doch in Deutschland. *San Sie a Jud?* Aber das ist doch nur so eine Frage.

Ich hatte das Gefühl, es sei nicht nur so eine Frage. Schwächer und schwächer ist das Gefühl dann geworden. Es geschah soviel anderes.

Nein. Und Sie?

*

Flüchtige Studien, Poussagen, Lektüre. Herstellung lausig sentimentaler Texte, bisweilen attraktiv in der Öffentlichkeit (schließlich, arbeitete nicht Erich Kästner nur im Café?), etwa in der *Osteria Italiana*, nicht zu verwechseln mit Hitlers Stammlokal, das hieß mit Recht *Osteria Bavaria*. Kriegsbeginn. Neben anderem informiert Hitler den Reichstag über seine zukünftige Garderobe. Wir hatten nun Trimester, deswegen konnte ich zum Jahreswechsel übersiedeln an die Universität Münster.

Nicht sehr lange wohnte ich dort bei Schneidermeister Rylski am Krummen Timpen: Zu viel soff er, und zu laut. Aus meinem nächsten sehr gepflegten Zimmer flog ich heraus, als der Flieder aufblühte: lockere Sitten mit einer Tänzerin vom Stadttheater. Ungern nach der Mitte des Juni verließ ich mein drittes Zimmer am Stadtrand, vor dessen Fenster nächtens Nachtigallen den Schlaf mir raubten. Nach dem Fall von Paris mußten dem deutschen Heerbann die Eier ausgegangen sein. In sehr schlecht sitzender Uniform gelangte ich über Brünn und Heilbronn nach Frankreich.

Einmal habe ich dort marokkanische Gefangene bewacht bei einer Brückenreparatur. Sie entsprachen nicht ihrem Ruf, sie waren wie energische Lämmer. Unter meinen und den Blicken noch eines Postens stiegen drei von der dunklen Sorte die Böschung hinauf. Von den schwarzen Derrières streiften sie eilig die Hosen und begannen mit einer Produktion, die auf halbwegs humane Ernährung schließen ließ. In diesem Augenblick hob über die Böschung glitzernd sich die Morgensonne. Fasziniert glotzte ich, auch jenseits vom Bewachungsauftrag: Nie hatte ich eine dermaßen prachtvoll knallschwarze Silhouette gesehen aus lauter Wirklichkeit.

Jäh wurde ich gestört: Sie da – Soldat! – Ein stählern kratziger Tenor. Ein Auto gefüllt mit drei häßlichen Kommandeusen für irgendetwas Wehrmachts-Weibliches. Scharf wurden wir getadelt: Unerhörte Beleidigung des öffentlichen Schamgefühls, zur Meldung bringen, erstens grundsätzlich, zweitens deutsches Ansehen, drittens *Fremdrassige*. Daß es denen ebenfalls peinlich sein könnte, war der Kommandeuse egal. Auch in Augenblicken berechtigter Ängstlichkeit bin ich nie ganz gefeit gewesen gegen unfreiwillige Komik. Die Knochen nahm ich zusammen, brüllte nach Kräften soldatisch: Artfremde Ärsche, jawohl! Soll nicht wieder vorkommen! Werden diesen Elementen schon noch Disziplin einhämmern!

Sprachlos blickten wir einander in die Augen, ich und die Kommandeuse: zwei deutsche Menschen in Feindesland. – Weiterfahren! befahl sie.

Jetzt aber mal ranhauen, sagte der diensthabende Unteroffizier.

*

Gewöhnliche Soldaten sind Unpersonen nicht nur für Oberschützen, sondern auch für jeden, dem das gerade paßt. Gelernt habe ich das Anfang 1941 an der Grenze zwischen dem besetzten und dem noch unbesetzten Frankreich, am Rand der Stadt Moulins, auf der Straßenbrücke über den Fluß Allier. Wache stand ich auch dort. Dies war der Übergang für den Grenzverkehr zwischen dem nahen Pétain-Sitz Vichy und Paris, aber auch zwischen Moulins und der Brauerei am anderen Ufer, die die Deutschen dem besetzten Gebiet zugeschlagen hatten.

Seine Exzellenz, der Herr sowjetische Botschafter, war auf dem Weg zum amtierenden Pater Patriae in Vichy. Den Repräsentanten der uns befreundeten Macht durfte ich eskortieren zum Grenzhaus am anderen Brückenende. Eskortiert wurde damals auf dem Trittbrett, das jedes Auto hatte. Den Karabiner hängte ich mir auf den Rücken und bestieg das Brett. Asiatisch düster betrachteten mich die zwei Beschützer am Volant und daneben.

Genosse Chauffeur schaffte es in zwölf GPU-Se-
kunden von Null auf Sechzig. Das Trittbrett war ver-
eist. Allen drei Genossen in ihrer gut geheizten Metall-
schachtel war ich vollkommen egal. Ob ich es schaffte,
ob ich stürzte: na wenn schon. Im schlimmsten Fall ein
Muschik weniger. Ich habe es geschafft, indem ich
mich festkrallte am Scheibenwischer und ihn dabei rui-
nierte. Vom Auto fiel ich ab vor dem Grenzhaus, wie
ein Blutegel abfällt vom Körper, sobald er Salz spürt
auf dem Rücken. Genosse Botschafter hinderte den
Genossen Chauffeur an einem internationalen Zwi-
schenfall. Er hatte es eilig und war immer noch eine
befreundete Macht.

Im Sommer war er das nicht mehr. Nun standen wir
Wache an der Porte de Clichy, um Paris zu behüten vor
anderen deutschen Soldaten, die auch gerne mal nach
Paris hineingekommen wären. Außerdem aber hat
man uns eine Woche lang Tag für Tag in Massen, in
breiter Marschordnung und im Stechschritt gejagt
über die schönen Wiesen des Bois de Boulogne: Proben für eine üppige Parade nach einem Jahr Besatzung.

Allenthalben in der Gegend der Champs Elysées hat
paradierfähiges Menschenmaterial herumgestanden
ohne Zahl, bis es am Ende sich voranschieben durfte in
breiten Kolonnen. Irgendwann und irgendwo hob
dann auf Befehl das lächerliche Beineschwenken an.
Nach links hatten wir zu blicken, wo nichts zu sehen
war, obwohl gewiß gnädig und mit gefaßt heldischem
Gesichtsausdruck ein ganzes Generalsrudel grüßte.
Die Herzen weiteten sich dabei den Herren ob der
Größe des Augenblicks. Für wen wir uns da demütigen

durften, hat man uns nie gesagt. Je weniger die Unperson Soldat weiß, um so besser. Zudem, den meisten Soldaten sind Generäle piepe. Wenn es ernst wird, sind die meisten doch woanders. Paraden sind sehr teuer und sehr anstrengend. Ernst wird es mit ihnen nie.

Paraden dienen auf der ganzen Welt dem Hochgefühl der Generäle, ob die Plätze nun rot sind oder grün und wer immer da herrscht. Sie haben einen Sinn, den der Soldat gern übersieht: Die machen ihm klar, was er ist – Menschenmaterial zum Verbrauch nach Belieben.

Jedermann sollte darum die Chance haben, an einer Parade beteiligt zu werden. Von meiner habe ich viele Jahrzehnte lang etwas gehabt.

Ernstfall

In einem anderen Weltkrieg und in Afrika war unser Regimentskommandeur mit Lettow-Vorbeck wider die Briten geritten. Beim kameradschaftlichen Zusammensein hat daran Herr Hauptmann uns erinnert: *Askari-Regiment* sei drum der Spitz- und Ehrenname, und nun müßten wir alle uns sehr anstrengen, um militärisch die gleiche Qualität zu liefern wie die unermüdlichen Askaris von einst im deutschen Dienst. Später schmetterte ein Teil der Kompanie, und es klang wie ein Schunkellied knapp vor dem Angstschrei: *Parole heißt Moskau, Reserve hat Ruh!*

Das war ein Irrtum. Über die Narwa zerrte die Lokomotive Ende November unsere Güterwagen. Durch den Türspalt sah ich am estnischen Ufer die gotisch aufstrebende Deutschritterburg und ihr gegenüber die breite, geduckte Russenfestung Iwangorod. Der Anblick machte mir keine Angst: Die hatte ich schon. Tage später trampelte das Regiment hinein in den ersten Rückzug des Krieges, *eine kleine Frontbegradigung.* Die weiße Landschaft nicht weit von Leningrad war übersät mit allem, was Rückzüge hinterlassen seit Jahrtausenden: tote Männer, Waffen, Maschinen, Rosse,

Wagen. Am Heiligen Abend benahmen wir uns in winzigen Häuschen an der Rollbahn wie die Darsteller eines Ufa-Films, öffneten Päckchen, sangen den legitimen Bewohnern *Stille Nacht* vor, leerten mit ihnen völkerverbindende Wodka-Fläschchen.

In der Dämmerung machten wir uns auf durch ausgedehnte Wälder zum unsichtbaren Fluß namens Wolchow. Schnee lag auf seinem kräftigen Eis. An den Ufern zwischen Bauernhöfen und Waldzungen sprengten und wühlten sich Deutsche wie Russen in den harten Boden hinein. *Die Front*, der Graben- und Bunkerkrieg von WK I, waren angelangt in WK II. Das Thermometer sank weiter. Wenig Eindruck hatte es uns gemacht, daß Hitler persönlich sich den Oberbefehl anvertraut hatte. Unser Bataillon kommandierte nun Herr Hauptmann Wolff, und der Gefreite Doll meinte, der Alte werde sich *ein rotes Röckchen verdienen.* Es war aber ein kaltes Grab, zwei, drei Monate später. Herr Oberleutnant V. war schon früh uns abhanden gekommen in Rußland; bei ihm sollte es sich aber um einen Nervenzusammenbruch gehandelt haben. Uns ging das viele Schießen auch sehr auf die Nerven.

In großen Löchern unter Balken und gefrorener Erde drückten wir uns herum während der kleinen Winterschlachtpausen, dürftig erwärmt, spärlich erleuchtet von Flaschen voll Benzin, Wasser und einer zusammengedrehten Zeitung als Docht. Wer Wache stand und dabei ohne Unterlaß den linken Fuß schlug gegen den rechten und den rechten gegen den linken, der bekam den Schafspelz. Dreißig Zentimeter darunter erfroren die Zehen. Die Sowjets hatten Filzstiefel.

Wir hatten den Führer. In der Schafspelztasche steckte eine Eierhandgranate. Ganz anders sah sie aus als die Dinger am Stiel, abgemalt für das *Haus der deutschen Kunst* vom spillerigen Elk Eber, gelegt in die Hände von WK I-Soldaten mit Kinnladen wie Schubladen. Wenn ich einen Fuß schlug gegen den anderen und in der Tasche das Ei fühlte, dann habe ich überlegt, wie schmeißt man das hier in Selbstverteidigung und beschädigt dabei nur die Angreifer?

Bei Nacht sind sie gekommen in hellen Scharen, Kirgisen, Usbeken, Georgier, Ukrainer. Grüne Leuchtspur schossen ihre Maschinengewehre; darunter rannten sie an im Schnee auf dem Eis. Extrarationen von Granaten. Ab und zu eine Raketenserie aus der *Stalinorgel*. Immer neue Linien aus Menschen sind erschienen, sind gerannt, haben geschrien: Hurrä, hurrä. Ehe Gesichter wurden aus den Linien, stürzten ohne Zahl junge Männer, übersäten mit dunklen Leibern die weiße Öde, wurden dort liegen gelassen, zugeweht mit Schnee, steif gefroren. Viele aber mußten auch näher kommen, ehe sie nachgaben. In einer Wolke von Angst sind sie angelaufen. Eingehüllt hat die Wolke auch uns in jeder Nacht. War der Ansturm vorüber, der Durchbruch mißglückt, schien es jedesmal vorüber zu sein für immer. Besonders schrecklich war das: Als sei eine lästige Aufgabe endgültig gelöst. Die aber auf Wache zogen in den nächsten Stunden, hörten vom Eis her den Jammer der Sterbenden. Das wollte nicht enden, ganz wie Jubel in Moskau oder in Berlin. Etwas Wind ging nachts oft. Schon wurde das Totenbett Strom wieder weiß.

Viele von uns starben auch. Ihre leichten Maschinengewehre samt Leuchtspur Grün trugen die sowjetischen Schützen nahe heran. Nächte genug hat es gegeben, in denen Rufe der Todesqual vom Eis her unterlegt gewesen sind mit dem feinen deutlichen Ticken von den Armbanduhren junger Männer aus Schwaben oder Westfalen: Ihre Leiber, zusammengetragen, lagen schrecklich ordentlich nebeneinander, eisig versteint auch sie nach wenigen Stunden.

Durch starke Lautsprecher zählten am Tag die Sowjets uns die Namen auf von befreiten Dörfern. Sie legten uns nahe, nach Hause zu gehen, verschwiegen aber, wie wir das machen sollten. Auch verstreuten sie die ihnen sparsam, aber täglich zugeteilten Granaten. Kantiges Metall stob in die Nähe unserer Bunker, bisweilen auch in die Gräben hinein. Weniger als unsere Läuse und Filzläuse plage uns dieser Beschuß, sagten wir gern. Eines späten Vormittags behielten wir Unrecht. Zuschanden wurde das Kriegs- und Wahrscheinlichkeitsgesetz, nach dem Kugeln oder Granaten niemals zweimal einschlagen an haargenau der gleichen Stelle. Seine Notdurft zu verrichten hatte Feldwebel Ring hastig sich niedergeduckt in einem Granattrichter vom Vortag. Grund für die Hast waren allein ein entblößter Hintern in der herrschenden Temperatur. Auf Punkt kam die neue Granate dort nieder, wo die von gestern zerstoben war. Der Leib wurde dem Feldwebel aufgerissen, auch hatte er Kopfverletzungen. Sanitätsgefreiter Guhl gab sich Mühe. Dieser zerrissene Körper mußte möglichst rasch dem Herrn Oberarzt zugestellt werden. Der aber erfüllte medizinische Pflichten an der zehn Kilometer entfernten Rollbahn. Einen Verbandsplatz gab es dort nun auch: In dem wäre der Feldwebel am besten aufgehoben, erreichte er ihn lebend.

Guhl injizierte sein bißchen Morphium. Der Verletzte wurde in Binden gewickelt und einen Pelz, gebettet ins Stroh auf einem Holzschlitten. Den zog ein deutscher Gaul; den führte ein Bauer von der Rauhen Alb. Dahinter ging zum Schutz mit einem Karabiner, vielen Patronen und zwei Handgranaten der entbehrlichste Soldat: ich.

Ein schmaler Pfad durch den Wald und den Schnee; nach Skiern sah er aus. Dies sollte der nächste Weg sein zum Verbandsplatz. Wir gingen ihn und kannten uns nicht aus. Gäbe es Variationen von Lautlosigkeit – wider alle Logik: es gibt sie –, dann ist Stille in russischen Winterwäldern stiller als jede andere. Unserer Schritte dumpfes Quietschen im Schnee schluckte sie und das Knirschen der Kufen. Sehr langsam stapfte der Pferdeführer voran, als sei er daheim. Meine Seelenruhe war geringer: Seit einiger Zeit ging die Rede von Partisanen in den Wäldern.

Sind wir recht hier? fragte ich einmal. – Denk' scho', sagte der Pferdemann. Für lange Gespräche war die Luft nicht geeignet.

Feldwebel Ring war Berufssoldat. Zu seiner Zeit war man das *mit Leib und Seele*, und ein wenig Fanatismus als Dreingabe war nicht unerwünscht. Ring hatte davon eine ganze Menge, war aber, anders als Remarques Himmelstoß, ursprünglich gutartig gewesen. Das ergibt eine besonders unangenehme Mischung. Schon als Unteroffizier war Ring ein Spezialist für den Exerzierplatz und seine Wonnen, für Inspektionen und Laufschritt, für Herumkriechen im Dreck und *Sprungaufmarschmarsch!* Vielerlei hat es gegeben im täglichen Soldatenleben des Fw. Ring, das Sinn gab seinem Dasein. Jedoch, seit wir Frankreich verlassen hatten, war der Feldwebel nicht mehr glücklich. Schon der Transport und dann erst recht die Kampfhandlungen verdarben alles, worauf es doch eigentlich ankam im Soldatenleben. Ironie liegt mir hier fern. Der Feldwebel, vom Aussehen her ein so idealer Frontsoldat mit bleichem, schmalen Gesicht unter dem Stahlhelm, mit dem entschlossen, strichdünnen Mund (er hatte nur einen Vorderzahn), er war Exempel für einen in allen Armeen verbreiteten Typus: Wahrhaft nützlich fühlt diese Sorte Soldat sich allein in der aufgeräumten Kaserne.

Einmal haben wir geglaubt, Schritte zu hören im Wald, entschieden dann aber, das sei unser Echo gewesen. Zweimal gingen wir in die Irre. Zum Fürchten haben wir uns nicht aufgerafft. Wenn was passiert, dann passiert's: In dieser Gewißheit existierten wir ohnehin.

Nach etwa vier Kilometern war die Wirkung des Morphiums verflogen. Der Verwundete jammerte. Der Verwundete schrie dann und wann. Zwischendurch gab er Kommandos. All das mündete endlich in eine beharrliche Klage mit hoher Stimme. Sie anzuhören machte klar, was *herzzerreißend* bedeutet und daß es in der Tat bedeutet, was es sagt. Durch den Wald knirschten wir, hielten an, verloren den Weg, glaubten ihn wieder zu haben – stetig hielt der Jammer an. Für uns nicht Verletzte war es der Menschheit ganzer Jammer, der quält, der jagt, der lauter gellt, als er ist. *Hör auf, hör doch endlich auf.* Doch wenn er aufhört, dann ist er tot. Dem Fw. Ring war niemand entgangen in der Kompanie. Der Mann von der Alb hatte auch nichts übrig für ihn, wir mochten ihn nicht, wir haßten ihn. Der hörbare Jammer aber, Kinderjammer wie nur einer, der hat diese Gefühle neu geregelt. Ausgelöscht hat er sie nicht. Ins Abstraktum auf Zeit hat er sie transportiert. Lebendig abliefern wollten wir ihn natürlich auch, will das nicht jedermann immer?

Erhol dich wenigstens endlich. Erhol dich und sei still. Oder aber stirb, jetzt und hier. Da kann man eben nichts machen. Bei nachdrücklichem Mitleid habe ich mich ertappt und zwanzig Meter weiter bei der Erkenntnis: Wenn jetzt ein Wunder ihn heil macht oder doch heiler – in zwei Tagen macht er dich wieder zur Sau. Unsinn. Erst einmal ist er reif für die Heimat. *Aber dem kommst du wieder in den Weg.*

Lebendig haben wir ihn abgeliefert. Geschrien hat er, als sie ihn wegtrugen vom Schlitten. Am nächsten Morgen bin ich noch einmal zum Verbandsplatz gegangen. Niemand hat mir sagen können, mit welchem Transport er fortgeschafft worden ist, mit dem zum Lazarett oder mit dem zu dem Platz, an dem gefangene Russen Gräber schlagen mußten in den Boden.

Nicht mehr oft habe ich dann an den Feldwebel Ring gedacht. In den Weg gekommen bin ich ihm nie wieder. Ich hatte auch meinen Lohn: eine ganze Nacht ruhigen Schlaf auf dem blanken Boden, ohne Angriff, ohne Wachdienst.

Frühlingshauch am Rand von Berlin. Ein Transportzug für Verwundete und sonstwie Beschädigte hält an. Wie Kannen aus dem Milchzug werden einige Häufchen Elend abgestellt auf dem Bahnsteig von Babelsberg und etwas später geschafft in die kahle Gaststätte. Jedem wird ein Heißgetränk verabreicht für die Wartezeit: Stets sind es die Extras, die bei Laune halten. In Tilsit haben Herren von der Nationalsozialistischen Deutschen Arbeiterpartei persönlich den Zug bestiegen und Bonbontütchen verteilt. Schriftkünstlerisch gestaltet war ein Spruch, der mit drei Reißnägeln befestigt prangte an der Gaststättenwand:

Genieße froh, was Dir beschieden,
Entbehre gern, was Du nicht hast,
Wir sind im Krieg und nicht im Frieden,
Bedenke dies, verehrter Gast!

Zeit hatte ich, das auswendig zu lernen. Der Wagen vom Lazarett kam erst nach einer Stunde. Was war mir beschieden? Ich hatte ein paar erfrorene Zehen, ein ausgedehntes Ekzem auf der unteren Rückenpartie und eine erstklassige Oberkiefervereiterung. Mit einer ungemein dicken Backe hatte ich nach Wochen den Verbandsplatz wiedergesehen. Der diensttuende Sanitäter war Medizinstudent; er warf einen Blick auf meinen Rücken, behandelte ihn, deckte ihn ab und schrieb einen Gepäckanhänger aus für beschädigtes menschliches Frachtgut: magischer Zettel, der mich Stück für Stück gebracht hatte bis Berlin. In Riga war ich entlaust worden. Das ist eine Stadt meiner Vorfahren, sehr schön soll sie sein. Gesehen habe ich sie nie.

Jedoch, eine ganze Menge gab es von allem Möglichen, das ich nicht hatte und gern entbehrte. Gemeint waren aber wohl eher Eisbein oder Aal in Dill. Die entbehrte ich ungern.

Als ich wieder einigermaßen laufen konnte, ließ ich mir den Kiefer bereinigen, in dem es nach wie vor nachdrücklich muckerte. Obwohl es teuer war, hatte meine Mutter entschieden, dies sollte lieber nicht einem Militär anvertraut werden. Sie fand den Spezialisten. Hart arbeitete der alte Herr, einen quer liegenden Zahn zu entfernen und alles zu reinigen. Am nächsten Tag ging ich zur Wundversorgung. Die machte der Assistent. Ich habe ihn gebeten, den Arzt von mir zu grüßen. – Herr Professor ist tot, sagte der Assistent.

Auf dem Rückweg zur Stadtbahn in einer Nebenstraße sah ich einen Möbelwagen. Seine Türen waren geöffnet. Im Dunkel des Wagens standen ein paar Leute und bewegten sich kaum. Die Außenseite sah ich mir darauf an, ob das vielleicht einer wäre von Gustav Knauers Wagen, dem früher in Berlin bekanntesten Spediteur. Kein Name stand auf dem Wagen. Suchen Sie was? fragte mich ein Mann im langen Mantel. – Komisch, daß da nichts dran steht, sagte ich. – Das ist privat, sagte der Mann. Ich habe mir überlegt, ob ich einem Polizisten Bescheid sagen soll, denn das schien denn doch verdächtig. Aber da war nirgends einer, und ich wollte noch schwarz am Zoo Zigaretten kriegen, die kosteten jetzt schon zehn Pfennige das Stück.

Viele Gelbe Sterne sind mir nicht begegnet. Den ersten habe ich Monate später gesehen auf einem Volksfest zu Bruyères in den Vogesen. Er war an dem Rock eines alten Herrn, der nicht am Vergnügen teilnahm; jedermann machte ihm höflich Platz auf seinem Weg, und dann dankte er. In diesem Spätsommer 1942 wurde auf viele Wagen der Wehrmacht per Folie ein großes *V* gepinselt und dazu die Inschrift *Victoria! Deutschland siegt an allen Fronten!* Churchills Zweifinger-*V* sollte das ausgleichen. Mir war es peinlich.

Gefreiter war ich nun und Schreiber im Krankenrevier. Mein Herr Stabsarzt war ein sanfter Kindermediziner aus Tübingen. In freien Stunden verfaßte er Strophen über Thor, Freya und Baldur, Eismeer und Nordnebel; ich empfing sie in guter Haltung. Beunruhigt war ich allein darüber, wie lange diese Idylle anhalten würde bei der *Genesendenkompanie.* Sehr viel mehr davon würden die Foertsche wohl nicht dulden. Ich konnte wieder gehen auf meinen Füßen. Demnächst würden Stempel verteilt werden für das angefallene Menschenmaterial. *Kriegsverwendungsfähig (kv)* hieß Rußland aufs neue; mit *Garnisonsverwendungsfähig Heimat (GvH)* ließe sich wenigstens ein Studienurlaub herausholen für den Winter. Mein Herr Stabsarzt hatte das Votum. Nach einigem Gewissenskampf, wer wird schon gern erwischt, schrieb ich für mich die grüne *GvH*-Beurteilung aus, schob sie ihm hin in dem Papierstoß nach einem Tag, an dem er für besonders viele Füße würde unterschreiben müssen. Er unterschrieb.

Als wir Wochen später uns trennten vor der Abfahrt zu meinen Studien, sagte er: Alles Gute. Das war übrigens durchaus vertretbar bei Ihren Füßen, und sah mich an mit hellem Baldur-Blick samt etwas Nordnebel. Eine komplette Edda hätte ich ihm verziehen.

Mein Vater hat immer gesagt, von den menschlichen Sinnen habe der für Geruch das beste Gedächtnis. Noch immer empfange ich Signale von unbestimmter Gefahr, wenn meine Nasenschleimhaut nasse Mäntel ortet in einem überheizten großen Raum, gemischt mit Ausdünstungen mäßig gewaschener Leiber. Um so duftiger fiel es auf, wenn dazwischen ein Rüchlein wehte von Lavendel oder einem Qualitätsparfum, in Münchener Hörsälen nach wie vor der Beitrag rheinisch-ruhrischer Bessemerbirnentöchter; Rudel von ihnen gingen unter dem Vorwand von Ausbildung auf die Weide im Stadtteil Schwabing, mit zumeist leeren Köpfchen und gelegentlich ganz niedlichen Stubsnasen. Stets ist München die Hauptstadt gewesen von allen möglichen Bewegungen.

Den Karl Alexander von Müller, den haben sie gerne lehren gehört im diskreten Heizungs-, Mantel- und Körpermief: die Studienurlauber in Zivil, die Schaftstiefel-Motze im braunen Hemde, die Mäuschen aus begüterten Häusern. Ein bedeutender Historiker war er wohl nicht, aber ein so ansehnlicher Mann, ganz und gar wie ein gestiefelter Kater, der just Sahne geschleckt hat. *Kalex* nannten ihn zärtlich seine Verehrer. Worüber er in jenem Semester gelesen hat, das habe ich vergessen. Wovon er erzählt hat vor seiner Lesung am 9. November 1942, ist mir sehr gegenwärtig, wenn auch nicht aus Gründen, die *Kalex* vermuten würde, seien es gute oder böse.

Von Hitlers mißglücktem Staatsstreich vor neunzehn Jahren plauderte der Historiker. Auch damals diente er als Lehrer an eben dieser Universität. Zwei der marschierenden Landesverräter, die bei den Schüssen ebenso davongelaufen waren wie Hitler, hat Herr von Müller dann verstecken dürfen vor der Polizei: Und *hier* habe ich sie versteckt, erzählte seinen Hörern der Professor, *hier in der Universität, im Schutz der akademischen Freiheit.* Klio selbst, das war dem Genuß am Bericht anzuhören, rauschte durch den Mantelmief, stieß zu mit dem Griffel. Viele waren ergriffen und klopften Beifall. Am Abend saß ich in der *Wolnzacher Hopfenperle* und dachte an meinen amerikanischen Bierspion. Aus dem Nebenzimmer schallte Hitler mit seiner alljährlichen Rede zum Datum. Als einen großen Sieg feierte er darin die Einnahme der Stadt Stalingrad.

Zu Herrn von Müller bin ich nur noch einmal im März gegangen; er hatte sich nicht verändert in den vier Monaten, trotz einiger historischer Ereignisse. Sicherheitshalber ließ ich mir den Konsum seiner Vorlesung testieren. Bei dieser Gelegenheit hätte ich ihm die Frage stellen müssen, die sich inzwischen als notwendig und logisch angefunden hatte im Zusammenhang mit seiner Saga vom Neunten Elften. Aber das habe ich natürlich nicht getan. Ich wüßte nur gern, was er dann gemacht hätte. Versäumt habe ich auch, ihn wenigstens das zu fragen – nach dem Krieg natürlich.

Mein Zimmer für dieses Semester war in der Wohnung meiner Großmutter. Auch meine Eltern hatten zwei Zimmer dort und sind zum letzten Mal für den Winter in die Stadt gekommen. So sorgsam vermieden sie, mich zu befragen oder mit Beschlag zu belegen, daß ich zwar ein schlechtes Gewissen bekam, aber nicht zuviel davon. Etwas verstört gewesen sind wir ohnehin, im Wartestand vor Unglück von allen Sorten. Dergleichen war in der *Heimat* genannten Gegend weit besser zu spüren als *an der Front* oder auch in Gebieten wie Frankreich. *In der Heimat* gab es dauernd, was unter Soldaten selten war, Austausch von Meinungen, Informationen, Gerüchten. Alle möglichen Leute redeten mit allen möglichen Leuten. Auch ging man in Familien und unter Freunden weit loyaler miteinander um, als zu schließen wäre aus wahren Geschichten von Kindern oder Erwachsenen, die Eltern anzeigten oder gute Bekannte. Mit fanatischer Gesinnung ist fertig zu werden. Fanatisierte Lethargie quer durch *die Bevölkerung* ist das deutsche Grundübel gewesen.

Ein wenig tändelte ich herum mit Zeitungswissenschaft und besuchte häufig den Spielplatz des berühmten Theaterprofessors Kutscher. Dort war es recht amüsant, sobald Kutscher sich ablenken ließ vom Urmimus und dem bayerischen Bauerntheater. Ein paar seiner Schüler haben sich nach dem Studium tatsächlich betätigt in Bühnenhäusern, nette Leute, doch ohne Bedeutung für das Gedeihen des deutschen Theaters. *Dame Kobold* spielten wir als praktische Übung, ganz das Rechte im vierten Kriegsjahr; ich gab den Diener Cosme, der kaum Text hat, und schrieb mir darum wenigstens einen Prolog. Weil ein anderer und begabterer Schondorfer mitspielte, erfreuten wir auch das Landheim mit unserer Kunst. Melancholisch sagte mir der *Chef* in seinem Büro: Ich bleibe nur noch, um das Steuer herumzuwerfen. – Sein unbegrenztes Vertrauen in die bereits erwähnte Loyalität war imponierend und tröstlich: schließlich, wir hatten einander fünf Jahre lang nicht gesehen.

Manchmal ging ich mit meinem Vater spazieren und auch auf die Jagd nach Zigarren. Es war ein milder Winter. Auf dem Elisabethplatz lud ein französischer Kriegsgefangener Weihnachtsbäume ab von einem Lastwagen. Mit vielen Leuten raufte ich mich um einen, vergebens. Endlich rief ich hinauf zum Lastwagen: Monsieur, un petit s'il-vous-plait pour un ami de France. – Er lächelte ein Rotweinlächeln: Tous les Allemands chez eux sont des amis de France. – Trotzdem, ich bekam einen Baum. Er hatte gewiß recht, aber andererseits, später und nachdem der Widerstand widerstanden hatte, da sind die Franzosen und die Deutschen verhältnismäßig schmerzlos einander näher gekommen, weil sie vier Jahre lang gründlich sich beschnuppert hatten in Frankreich und mehr als vier Jahre lang in Deutschland. Besatzungszustände mögen nicht das ideale Instrument sein, um Völker zusammen zu bringen, doch es wohnt darin ein Element des zum mindesten spirituell-amoureusen Geschlechtsverkehrs.

Mein Vater, schon früh im Ruhestand, war nun über sein offizielles Pensionsalter hinaus, und auch der Krieg hatte ihn älter gemacht. Noch konnten wir alte

Scherze miteinander machen oder auch treiben, doch bisweilen war das schon, als riefe man von Insel zu Insel, während die kleinen Landstückchen voneinander sich langsam entfernten. Er hatte sich zurückgezogen. Er hatte gesagt, was er hatte sagen wollen in Erzählungen und Romanen, die *nicht in die Zeit paßten*. Für ihn bestand die Hölle aus Literatengeschwätz, und dem ist in keinem Zeitalter zu entkommen. Noch ging er ganz gern ein klein wenig aus, doch eigentlich wohl fühlte er sich allein an seinem Schreibtisch in seinem Zimmer. – Bekommst du denn überhaupt was zu lesen? fragte er mich vor einer Buchhandlung. Man kann da aus der Übung kommen. – Ich versicherte ihm, ich käme nicht aus der Übung. – Ich habe gehört, sagte er und wandte energisch sich ab vom Englischen Garten, sein Bedarf an Natur war begrenzt, ich habe gehört, es gibt einen neuen Evelyn Waugh. Aber da muß man eben warten bis später. – Mein Vater teilte die Zuneigung fast meiner ganzen Familie zu Großbritannien; der speziell britische Chauvinismus als Lebensform war ihm unbekannt. – Später mußt du da hinfahren, sagte er. Er selbst war einmal eine Woche lang in London gewesen, als sein Bruder ihn zu der Reise nahezu gezwungen hatte. Er hatte es sehr genossen, vor allem, nachdem er wieder in seinem Arbeitszimmer war.

Ich erinnere mich an diese Zeit mit meinem Vater so, als hätten wir lange Gespräche miteinander geführt, mehr oder minder Endgültiges voneinander erfahren, wie eben erwachsene Söhne von alten Vätern. Dabei, gesprochen haben wir beide nur wenig – und gleichwohl eine ganze Menge am Ende gewußt. Mehr gesprochen habe ich mit meiner Mutter. Sie hatte sich, da sie sonst während des Krieges nichts schrieb, als Fleißaufgabe für den Winter die zweite ihrer Romantiker-Biographien gesetzt, und es bekümmerte sie, wie wenig Interesse für die Romantiker ich an den Tag legte. Mehr irdisch aber ließ sie mich auswendig lernen die Adressen von einigen Freunden im Ausland, *für alle Fälle*, ich kann sie immer noch, aber keine hat mir nützen können, als *Alle Fälle* eintraten. Auch sprachen wir vom Krieg, und im Februar von Katastrophen: der von Stalingrad und der vom Schafott in Stadelheim. Langsam sind wir gewesen: Der Gedanke wuchs erst heran, daß notwendigerweise all dies zu enden habe in der Niederlage und in Trümmern.

Jede Woche einmal hatten die beurlaubten Soldaten in Uniform anzutreten auf einem Schulhof. Ein verdorrter Hauptmann zählte sie nach und wußte sonst nicht viel zu sagen. Anfang Januar sagte er etwas: Besuch des Festakts zum Jubiläum der Universität sei Pflicht, und zwar in Uniform. Am Abend des 13. Januar begab ich mich ins Deutsche Museum, saß unten im großen Saal mit anderen Soldaten; viele von ihnen waren verwundet. Braunhemden auf dem Podium, die zivilen Studenten und Studentinnen zumeist auf der Empore. Reichlich verziert war dieser Festakt zum Geburtstag einer vierhundertsiebzig Jahre alten Hohen Schule mit wachsamen SS-Figuren. Festredner war Hitlers vulgärer Satrap, der Münchener Gauleiter Paul Giesler. Saftig pöbelte er für seinen Führer. Das Publikum reagierte nicht wie erwartet. Die weiblichen Studenten forderte er auf, alljährlich einen Sohn zu gebären, und ferkelte mit Genuß über das Faktum, daß dazu ja zwei gehörten. In diesen Augenblicken brach mit Protesten von der Empore und zum Klang eines Donnerblechs die erste Saalschlacht los seit 1933 und das mit neuen Partnern. Zivile und uniformierte Studenten fochten gegen Braunhemden und SS; Verwundete griffen an mit Stöcken und Krücken, und das Drängen der Masse machte schon verhaftete Studentinnen frei. Ich war in der Gruppe, die auf den bewachten Hauptausgang zu drückte, tat mich aber sonst nicht hervor. Erst auf offener Straße sammelte die Polizei mit Schlagstöcken bescheidene Punkte gegen demonstrierende Studenten. Der Alleinschuldige war verschwunden: Giesler, Paul.

Rebellion spontan. Der überraschende Geschmack von Freiheit. Kaum länger als eine halbe Stunde hatte das gewährt und schien in der Öffentlichkeit keine Folgen zu haben. Vergebens soll Himmler nach *Drahtziehern* gesucht haben; den Giesler Paul ließ er ungeschoren. Vergebens habe ich gewartet auf etwas, das nun sich ereignen würde, getreu der bewährten These über Unterhaltung für Unbeteiligte, obwohl ich durchaus beteiligt mich fühlte. Nichts geschah. Bei der Wehrmachts-Aufsicht für Studienurlauber hatte man einen ungewohnt lichten Moment und ließ wissen, fortan brauche nicht mehr wöchentlich angetreten zu werden auf einem Schulhof: Je weniger diese Soldaten einander träfen, unter ihnen auch bedenklich hoch dekorierte Offiziere, um so besser.

Im Februar *passierte* sehr viel, jenseits von Unterhaltungswert und mitten im Schrecken. Am dritten Tag hörte die Nation offiziell aus dem Radio von der größten militärischen Niederlage, die Deutschland jemals erfuhr: dem Sieg der Roten Armee bei und in Stalingrad. Beethoven wurde bemüht, Staatstrauer befohlen, und in der Tat, die Nation hat getrauert, ist sehr bedrückt gewesen, jenseits aber von ihrem Staat. Hitlers *Vorsehung* schien nicht mehr glaubwürdig: Nach Urhebern fragten unvermutet selbst harmlose Bürger. Goebbels im Sportpalast münzte Verzweiflung um in den Parteischrei nach totalem Krieg. Auf München fielen Bomben. Als ich mit einer Schwabinger Fürstin Spaghetti aufspulte in der *Osteria Italiana*, saß am Tisch ein junger Mann, der sagte, Obergefreiter sei er auf Urlaub, und wie entsetzlich das doch alles sei für unsereinen, und man müßte doch endlich tätig werden. Das kam so dick, daß selbst mir es dämmerte, wenn auch spät. Schleunigst wurde ich zum blanken Erstaunen meiner Edeldame soldatisch pflichttreu gläubig positiv, so weit wie eben noch vertretbar. Obwohl oder weil ich heute weiß, daß damals in Lombardis Osteria auch Freunde verkehrten aus dem kleinen Kreis der *Weißen Rose* – ich bin sicher, daß mein Exemplar ein Lockspitzel gewesen ist. Flugblätter der *Weißen Rose*, Aufrufe zum Widerstand, sind damals in vielen Händen gewesen, und vergebens suchte die Gestapo nach Verfassern.

Am sechzehnten Tag des Februar begegnete ich auf dem Postamt in der Agnesstraße Christoph Probst, dem Schondorfer Schüler, den ich so sehr beneidet hatte um seinen langen Gesprächsspaziergang mit dem Lehrer von Reutern. Er trug Zivil, sagte aber, er sei stationiert bei der Luftwaffe in Innsbruck und käme ab und zu nach München. Er war sehr freundlich zu mir, und mir war wohl in seiner Gegenwart. Wir verabredeten ein Treffen in etwa zwei Wochen und trennten uns dann.

Am achtzehnten Tag des Februar gingen die Geschwister Hans und Inge Scholl in die Universität. Hans Scholl trug einen Koffer. Darin waren ungefähr siebzehnhundert Exemplare eines Flugblatts, das ausdrücklich an Studenten sich wendete. Bald würden rund um den Lichthof die Hörer aus den Sälen kommen. Systematisch verteilten die Geschwister ihre Flugblattstöße: Während der Vorlesungen ist es auf den Gängen einer Universität ziemlich ruhig. Es waren aber am Ende noch Flugblätter übrig und ein paar Minuten Zeit. Hans und Inge Scholl sind hinaufgegangen auf die Galerie und haben dort über dem Lichthof die Flugblätter in die Luft geworfen. Dabei hat ein Hausmeister und Parteigenosse sie gesehen. Er schloß die Ausgänge ab, benachrichtigte die Verwaltung, suchte und fand die Scholls. Ohne Widerstand haben sie sich festnehmenn lassen. Als die Gestapo-Beamten Hans Scholl abführten, zerriß er ein Stück Papier und versuchte, die Fetzen aus dem Fenster zu werfen. Das mißlang. (Diese Einzelheiten habe ich aus dem ausgezeichneten Buch des Amerikaners Richard Hanser, *Deutschland zuliebe*.)

Der Hausmeister, er wurde reich belohnt, hieß Jakob Schmidt. Daß die Scholls gehandelt hatten *im Schutz der akademischen Freiheit*, war ihm ebenso gleichgültig wie dem Universitätsrektor, einem Mann namens Walter Wüst. Schmidt, das ist als deutscher Name ähnlich häufig wie Müller. Ob *Kalex* seinen Hörern am zwanzigsten Neunten November aufs neue das Histörchen geboten hat von den beiden versteckten Landesverrätern und der akademischen Freiheit, das weiß ich nicht. Es würde mich aber nicht wundern.

An jenem achtzehnten Februar bin ich zur Universität gegangen, doch ihre Tore waren geschlossen. Warum, das wußte ich nicht und bin dankbar wieder weggegangen. Ja, ich habe meine Tage dieses Winters hingebracht *wie ein Geschwätz*.

Am zwanzigsten Tag des Februar gingen Gerüchte um von einem Prozeß. Am zweiundzwanzigsten Tag stand ich vor einer Anschlagsäule und las von den Todesurteilen für Sophie Scholl, Hans Scholl und Christoph Probst, las auch, daß sie sogleich hingerichtet worden sind: geköpft in Stadelheim.

Auf das Stück Papier, das Hans Scholl hatte vernichten wollen, war der Entwurf geschrieben eines neuen Flugblatts. Er stammte von Christoph Probst. Die Handschrift war nicht schwer zu identifizieren. Probst wurde in Innsbruck verhaftet und zusammen mit den Scholls von Roland Freisler und seinem Scharfrichter morgens zu Schau gestellt, abends zu Tode gebracht. Wochen später sind ihnen gefolgt Alexander Schmorell, Willi Graf und der Professor Kurt Huber.

Nach der Lektüre an der Anschlagsäule habe ich das Semester zu Ende gelebt fast so, als hätte ich nichts gelesen – aber doch nicht ganz so.

Wie es gewesen wäre, wäre ich Probst nicht begegnet: Ich weiß es nicht. Der Hinweis auf diese Toten ist das so gut wie einzige moralische Alibi, das meine Generation vorzuweisen hat.

In Karlsruhe an der Pyramide habe ich das zweite vor sich hin singende Kind getroffen, das meinem Dasein etwas Heiterkeit vermittelte, auch die Gewißheit unabänderlicher Daseinsgesetze und mithin Trost. Dieses kleine Mädchen von durchaus badischer Herkunft ging nicht über die Langstrecke wie einst jenes in Starnberg, sang sein Liedchen aber doch so oft, daß ich es gründlich zur Kenntnis nahm. Dies war der Text:

Robinson,
Robinson
Fuhr in einem Luftballon,
Und als er wieder runter kam,
Da war er wieder da.

Ganz wie sonst im Leben auch. Gelegentlich hatte ich es nötig in diesen Sommertagen 1943, etwas aufgerichtet zu werden. Mancherlei Kummer war da abzudecken, auch abgesehen von einer ausgesucht unangenehmen Kasernenexistenz, etwa die Tatsache, daß ich nun angeblich doch wieder *kv* war und so gut wie auf dem Weg nach Osten. Auch hatte kürzlich bei *Moninger* ein Leutnant der Flak von einem harmlosen Bier mich wegbefohlen zum Strammstehen vor seinem Tisch, weil ich angeblich nicht ausreichend schön gegrüßt hätte beim Betreten des Raums; das war gelogen, doch mit irgendetwas mußte er seiner Mieze imponieren: Mangels allzu vieler Bomben auf Karlsruhe bis zur Stunde war dort das Ansehen von Flak-Leutnants gering, und schön war er auch nicht. Er hat mich tatsächlich *zur Meldung gebracht*; allein mein Freund Waldemar bewahrte mich am Ende vor unangenehmen Folgen; er war ein dekorierter Leutnant, wollte Schauspieler werden und fand in der Kommandantur einen ebenfalls dekorierten Adjutanten, der das Flak-Papier prompt, verächtlich und infanteristisch verschwinden ließ im Abfall. Nochmals: ich hatte tatsächlich wunderschön gegrüßt. Dies war dann das einzige Mal in meinem Leben, daß ich gezielt und mit Gusto protegiert worden bin.

In Karlsruhe war damals noch ein besonders gemütlicher totaler Krieg zu genießen, sei es in der Konditorei Nagel, sei es in kultivierten Bürgerhäusern. Waldemar verschaffte mir vier Wochen lang öffentliche Conferencen mit der Regimentsmusik bei einem Militärkonzert nach dem anderen, die in den umliegenden Ortschaften die Bevölkerung bei Laune halten sollten; harmlose Randbemerkungen zu den Musikstückchen waren mein Beitrag. Ich glaube nicht, daß ich mich genossen hätte. Am Stadttheater machte ich eines Sonntags die Eignungs-Prüfung in der Schauspielkunst. Mit zartem Seufzer sagte der Vorsitzende der Kommission: Nun ja, Sie wollen ja doch wohl mehr auf die Regie hinaus – und ich hatte bestanden.

Wo immer man verkehrte, wenn abends bisweilen herausgelassen aus der Kaserne, einem Jüngling entging man in besseren Häusern auf keinem Fall: dem Cornet Rilke. Allenthalben stand in einer Türfüllung, das Hüftgelenk gotisch geknickt, ein begabter weiblicher oder männlicher Mensch und hob an: Reiten, reiten, reiten, erwähnte die Innigkeit der Gebete im Bett, ließ die Gräfin lächeln und ließ nicht ab, bis des *Cornets* Heimgang gemeldet war. Diese allgemeine Vernarrtheit in den rhythmisch literarischen Tod war sehr merkwürdig in einer Zeit, die doch ausreichend Tode anbot in der Wirklichkeit oder in der *stolzen Trauer* der Anzeigenspalten. Freilich, die *Weise* faßt alles viel anmutiger zusammen und ist dabei nicht schlecht, besser jedenfalls, als Rilke selbst nach der Tat sie gefunden hat. Es war der Cornet, den man damals zu Herzen sich nahm, nicht das schöne Wort vom Überstehn, das alles sei; das wurde erst später zitiert von denen, die überstanden hatten, etwa dem Stabsarzt Dr. Gottfried Benn.

Eine Woche lang habe ich mit anderen Soldaten an einem Neubau gearbeitet; nicht geschickt war ich darin und wurde ermahnt. Respektvoll fragte ich den Herrn Hauptfeldwebel, wem denn das schöne Haus gehören würde. Das war ein Fehler: Nun lag diesem Mann noch mehr daran, daß ich bald nach Osten ginge. Er ließ mich lernen, wie man an fahrende feindliche Panzer magnetische Hohlhaftladungen klebt, eine Tätigkeit, die wenig Zukunft verheißt. Glücklicherweise erkannte in jenen Tagen der Kriegsfacharzt für Orthopädie meinen Knick-Platt-Spreizfuß; in Zivil war er Frauenarzt und interessierte sich für griechisches Theater. Gleichwohl, meine Füße hatten das *GvH* verdient; richtige Ärzte in Zivil haben von ihnen auch stets schlecht gesprochen.

Wieder fuhr ich nach Frankreich, während Waldemar noch einmal auszog, ein Ritterkreuz sich zu verdienen. In Lyon entging ich einigen Kugeln des Maquis, wir kannten einander nicht persönlich, dann wurde ich Hilfsrechnungsführer und fuhr im Dezember noch einmal in Urlaub nach Starnberg. An seinem Ende brachte mein Vater mich durch eisigen Wind und Schneetreiben zum Bahnhof; er hatte darauf bestanden. Als der Zug anfuhr, lehnte er sich über die Sperre, hob den Spazierstock und winkte mir mit ihm. Für mich steht er immer noch dort.

Alles war wie in einem ausgesucht schwachsinnigen Traum. In einem Boot saß ich zusammen mit einen wagenradgroßen Käse und ruderte auf einem Sandweg an Dünen entlang. Da kam über die Dünen gehopst ein kleines Flugzeug, Pilot und Copilot waren gut zu erkennen mit ihren altmodischen Fliegerbrillen unter den Kappen, und der Copilot schoß auf den Käse und mich mit einem Gewehr; mehrmals flog der Pilot dafür auf mich an. Ich rollte über eine Seite des Boots in das Wasser hinein und lag flach unter dem Boot, solange ich es aushielt ohne Luft. Dann wachte ich auf, das heißt, ich tauchte auf. Das Flugzeug war weg. Der holländische Käse war da und hatte nun Löcher, als käme er aus dem Emmental. Das Boot war da, und ich war da, klatschnaß unter einer sparsamen Sonne im frühen Oktober 1944. Wir waren nicht weit von Vlissingen auf der holländischen Insel Walcheren, die bis vor kurzem trocken gewesen war hinter ihren Dünen. Mit sorgsam gesetzten Bomben hatte die Royal Air Force die Rolle übernommen der Geusen, *Durchstecht den Deich, reißt auf die Schleusen, ersäuft die fremde Tyrannei*, hatte die Dünen zerrissen, der See den Weg gebahnt ins Land. Wir hockten in erhöht gelegenen Bunkern auf Dünen mit schönem Wasserblick nach jeder Himmelsrichtung. Den Käse hatte ich besorgt beim Fourier in Vlissingen für die vielen empfindlichen Mägen, die mich nun umgaben.

Diese Mägen haben meinen besorgten Eltern ein wenig Surrealismus verschafft. Da meine Spur im Oktober sich endgültig verloren hatte und kein Brief mehr kam, versuchten sie über Bekannte in Berlin herauszufinden, wo ich geblieben sein könnte. Ein kryptischer Satz war die einzige Auskunft, die zu erhalten war: *Er ist in einer Division magenkranker Männer.* Das stimmte, wenn auch für *Division* ich mich nicht verbürgen möchte – aber eine Einheit ausschließlich aus Magenkranken hatte auch mein Bataillon auf der Insel ersetzt, als die Rapsfelder abgeblüht waren, das jauchzende Gelb gelöscht. Ich war geblieben, weil nun Spezialist. Die anderen sind in den Krieg gezogen, der langsam seinen Weg sich bahnte von der Normandie her.

Als ich aus dem Boot rutschte vor dem Beschuß aus einem für Kriegsverwendung reichlich unglaubwürdigen Flugapparat, hatte ich auf der Insel schon neun Monate verbracht, irgendwo in der Gegend zwischen *Carmen* und *Tannhäuser*. So musisch waren die Befehlsbunker von zwei Dünenstützpunkten getauft worden. Wir von der Schreibstube lebten in einem kleinen Gehöft, dessen Bewohner schon vor Jahren verdrängt worden waren. Die ersten Monate waren leidlich friedlich, mit Spaziergängen auch auf der ein paar Kilometer entfernten Strandpromenade von Vlissingen, gelegentlichen Getränken im *Hotel Britannia* mit Seeblick samt einem Oberkellner, der Zigaretten verkaufte unter dem Tisch und auch Sonnenblumenöl. Sachlich gingen die Einwohner mit uns um und schätzten mit Recht uns nicht.

Im Frühling hätte diese Sorte von totalem Krieg noch genießbar sein können. Gewiß, es gab einige Schwierigkeiten mit der Post, denn der Gefreite Mutz, ein sehr fleißiger Melder, kehrte aus seinem Urlaub nicht zurück. Mutz stammte aus einem ehedem österreichischen Dorf in Slovenien. Zu den Fahnen war er geeilt worden nach der Besetzung seines Landes. Er war ein gutartiger Mensch, klagte nicht und holte jeden Tag die Säcke aus Vlissingen. Sein Vertreter hatte uns nicht zufrieden gestellt, und statt Mutz kam eines Tages ein *Tatbericht*, der nicht für unsere Augen bestimmt war und den wir einander zuschoben in der Schreibstube. Zeugen hatten bekundet, Mutz sei gegen Ende seines Urlaubs im Elternhaus von einigen eingedrungenen wilden Gestalten vereinnahmt worden und nicht wieder gesehen. Im Nachhinein findet das jedermann natürlich, aber mich an den holländischen Dünen hat dieser erste und recht deutliche Gruß von Tito doch beunruhigt. Das war etwas, was nicht sein kann, weil nicht sein darf. Auch kam uns bald der Gedanke, daß Mutz vielleicht sich hatte willig vereinnahmen lassen oder sogar die Herren bestellt. All das eröffnete Möglichkeiten, an die ein Soldat sich erst gewöhnen muß. Zum Obergefreiten Zeller sagte ich: Da wird er es viel schwieriger haben. – Zeller, Bankbeamter mit besonders geregeltem Weltbild, war glücklicherweise schockiert genug, um nicht zu fragen, was ich meine: Ich hatte Kamerad Mutz vor Augen, wie er täglich mit dem Postsack auf dem Buckel über schroffe Felsen klimmt im Land der Skipetaren.

Die Sache hatte Folgen. Als eine Brutstätte betrachtet wurden wir vorübergehend bereits auf bescheidener Bataillonsstabsebene. Unvermutet kam der Herr Major vorbei und fragte uns in mäßigem Deutsch, was wir über Mutz zu sagen hätten. Auch er war ein Beute-Exemplar aus ehedem donaumonarchischen Grenzgebieten, aber mehr in Richtung Slowakei. Nichts hatten wir zu sagen über Mutz. Darüber diktierte er mir ein langes Protokoll in die Schreibmaschine; noch immer macht die Erinnerung mich vergnügt, wie auf dem Papier ein ganz gut lesbarer Text erschien, dessen Vorform im Mündlichen der Herr Major abenteuerlich unlesbar geliefert hatte. Weniger fröhlich macht mich die Erinnerung an Herrn Oberleutnant Span, der um diese Zeit vorübergehend das Kommando bei uns übernahm.

Wir kannten Span. Unter der kühn gekniffenen Mütze trug er das Knollengesicht eines Kleindarstellers und war eine jener Typus-Doubletten *scharfer Hund* plus *glühender Nationalsozialist*, die unvermeidlich waren und gemieden wurden von jedermann. Die Spans dieser Welt hatten Ärger im Casino und reagierten ihn ab bei der Truppe mit Schinderei samt Gebrüll. Besonders schlecht harmonierten sie mit Obergefreiten, weil Obergefreite schwer zu beeindrucken sind. Unser Span stammte aus dem Haushalt eines kleinen Bauunternehmers; hatte es nicht gereicht zur Unabkömmlichkeit im Westwall- und Atlantikwall-Geschäft? Jedoch, warum soll Span nicht auch noch zu allem anderen Idealist gewesen sein? Sein natürliches Opfer war ich. Das wäre nicht allzu schlimm gewesen, doch nach einem recht bedenklichen Vorkommnis betrachtete der Oberleutnant mich als eine Art Missionsgebiet: mit aufrichtigem Blaublick, starkem Wort und gar gelegentlichem Handschlag, und das alles vermutlich aus schlechtem Gewissen.

Noch immer arbeiteten wir in dem kleinen Bauernhof. Durch die Fenster war auch das Häuschen zu sehen, in dem Span hauste und brütete. Eines Abends fiel er ein in der Schreibstube, tadelte geräuschvoll und verpaßte jedem das Seine. Wir sahen ihn dann zu seinem Bau sich begeben und unterwegs noch einmal zurückblicken. Eine Minute später brüllte Span durch sein Telefon in Zellers empfindliches Ohr etwas von unglaublicher Vorgesetzten-Beleidigung; sofort sollte ich mich melden bei ihm in voller Uniform. *Volle Uniform* bedeutete sämtliche Accessoires inclusive Stahlhelm und Karabiner. Ich behing mich also im Stadium jener dumpfen Ergebenheit, die jahrelanges Training mit sich bringt, und machte mich auf. Ein reines Gewissen ist ohne Nutzen beim Umgang mit militärischen Vorgesetzten. Ich hatte keine Ahnung, was Span wollte, und mußte erst mal hin, Befehl war Befehl.

Span verriet mir nicht gleich, was er gemeint hatte. Auf Plüsch saß er in dem kleinen Raum. Ich stand vor ihm als ein militärisches Schaustück, das nach wie vor zu wünschen übrig ließ, und wußte nicht, was sagen. Er hatte gefragt, was ich zu sagen hätte. Endlich sagte ich: Nichts, Herr Oberleutnant.

Vors Kriegsgericht geht das, lassen Sie Ihnen das gesagt sein! – Heftig badisch klang der Oberleutnant, als er verbal sich meiner Tat entledigte: Ich hätte, und das habe er wohl gesehen und ganz genau, nach seinem Verlassen der Schreibstube eine schwer beleidigende Bewegung gemacht, besonders übel und verächtlich. – Meuterei! brüllte der Oberleutnant. Dann wurde es still. Ich stand weiter stramm. Er starrte mich an. Ganz langsam fing ich an zu denken, und das war sehr unangenehm. Keinen Zweifel gab es angesichts dieser idiotischen Beschuldigung, daß mein Herr kommissarischer Kompaniechef einen Anfall hatte von Verfolgungswahn. Heute weiß ich, daß diese Anlage traurig sinnvoll paßte in sein psychisches Gesamtbild. Dergleichen bei Vorgesetzten zu finden, ist schlimm: teils, weil Obergefreiten selten geglaubt wird, wenn sie ihre Oberleutnants für verrückt erklären; teils, weil Vorgesetzte über geladene Handfeuerwaffen verfügen, auch die kleinste Bewegung auslegen können als Bedrohung und dann vielleicht in Notwehr schießen.

Ich gefror und schwieg lange, teils aus Instinkt, teils, weil das Passende mir nicht einfiel. – Herr Oberleutnant, sprach ich am Ende, Herr Oberleutnant, wenn ich das sagen darf, bitte gehorsamst, sprechen zu dürfen…

Er nickte, doch sein Blick blieb starr.

Herr Oberleutnant, ich kann das beschwören, niemals, wirklich unter keinen Umständen würde so etwas bei Herrn Oberleutnant mir einfallen. Das ist unmöglich für einen deutschen Soldaten. – Zwanzig Sekunden verstrichen. – Noch dazu in dieser großen Zeit der Bewährung.

Wollen Sie sagen, Ihr Vorgesetzter lügt?

Nein, Herr Oberleutnant, brüllte ich. – Da waren wir festgefahren. Wieder verstrichen sehr lange zwanzig Sekunden. – Die Spiegelung, Herr Oberleutnant.

Was heißt das? – Er war etwas leiser geworden.

Die starke Fensterspiegelung. Wir haben gestern die Scheiben geputzt. Es war auch noch Abendsonne. Herr Oberleutnant müssen etwas gesehen haben, das war nur in der Spiegelung. Wirklich, niemals würde mir so etwas einfallen.

Luft holte er. – Ich – werd' – mir – das – noch einmal – überlegen. Abtreten! – Das kam wieder wie ein Hieb.

Ab trat ich und holte draußen Luft. Span blieb mir auch dann erhalten, als der zurückgekehrte Hauptmann Schwab seine Kompanie wieder übernahm. Ich ahne nicht, was der Oberleutnant ihm erzählt hat, doch eine Woche später verlegte ich Strohsack und Quartier in eines der zwei Kilometer entfernten Häuser, die gefüllt waren mit Konservenbüchsen: Verwalter geworden war ich über Nacht der *Stützpunktbevorratung*. Span, ab und zu war eine Begegnung nicht zu vermeiden, sprach mit gedämpfter Stimme mir nur noch von den großen Aufgaben, die die Zeit uns allen stellt, dem Führer, Deutschland und uns an der Front. Das ist Ihnen bestimmt klar, sagte er, Ihnen als intelligenter Mensch.

Dann landeten die Alliierten in der Normandie. Dann durfte der Oberleutnant mit einer Kompanie in den Krieg ziehen. Noch einmal hat er mir die Hand gedrückt, ins Auge gesehen. Er ist gefallen. Hätte er es überlebt, wenn er überlebt hätte? Wahrscheinlich.

4218 Dosen Rindfleisch; 2839 Dosen Rotwurst; 8003 kleine Dosen Aal; 5014 Dosen Schmalzfleisch; Leberwurst, Teigwaren, Dauerzwieback in Säcken aufgehängt, Gemüse, Astra Zigaretten in riesigen Blechkartons, Trockenkartoffeln – die Originalziffern weiß ich nicht mehr. Die meinen sind nur Exempel für verwirrende Mengen an eingesiegelter Nahrung, angehäuft für den Fall, daß tapfere Verteidiger in Bunkern wochenlang belagert werden und dabei ja irgendetwas essen müssen, nämlich die *Stützpunktbevorratung: Wer sich an ihr vergreift, wird mit dem Tode bestraft,* versicherte per Unterschrift ein Mann namens Vietinghoff.

Das Zeug machte Arbeit. Jede der vielen tausend Büchsen mußte immer wieder bepinselt werden mit rostschützendem Öl. Im Dauerzwieback nisteten gern Mäuse. Ich hatte die Dosenmassen übernommen mit Anzahlziffern, von denen ich nicht ahnte, ob sie stimmten: Exekutionschef Vietinghoff stand stets hinter dem nächsten Regal. Wohl hatte ich meine Ruhe, doch reichlich unruhig ist sie gewesen. Wer jemals ein Regal mit mehr als tausend Dosen hat durchzählen wollen, wird wissen, was ich meine – doch wer hat das schon? Es war ein anstrengender Posten, und nachteilig hat er sich ausgewirkt auf Charakter und Geldbeutel noch nach Jahrzehnten: Stets ist unsere Speisekammer zu voll mit Dingen, die wir wahrscheinlich nie essen würden, hätten wir sie nicht, und was der Bevorratungsfachmann abschreiben darf als *Bombage* (mit Büchse als Beweisstück, versteht sich), im privaten Haushalt schlägt es ärgerlich zu Buch. Ein Stützpunktbevorrater, als Laie ausgeliefert dem Massengeschäft mit

Vorräten, beschädigt auf Lebenszeit seine individuell privaten Maßstäbe.

Aus Hungergier habe ich mich einmal *vergriffen*, Rindfleisch war es wohl, und ehe ich dann in Vlissinger Läden eine nur entfernt ähnliche Büchse aufgetrieben hatte, hätte ich lieber Hunger gehabt. Aus den Häusern wurde am Ende die Bevorratung an Stellen transportiert, wo sie hingehörte: unter Verteidigerbetten in den Bunkern. Im hübschesten Haus richtete auf Zeit Oberleutnant Toni Wagner sich ein, beklemmend gut bürgerlich, um für die Küche verpflichtete Damen (eine ganz niedlich, die andere eher herbe dämonisch) am Abend zu versöhnen mit ihren Aufgaben.

Das ist im Sommer gewesen, als wir den berühmten Rommel von weitem besehen durften und er uns enttäuschte. Des Atlantikwalls Chefverteidiger erschien uns nicht mehr wie in Afrika als Drei Musketiere, zusammengequirlt zu einem: eine blasse Erscheinung, eingesiegelt in seine Mercedesschachtel, vor ihm Maschinengewehre, hinter ihm Flak-Geschütz auf Lastwagen und als hinterlassene Idee allein die *Rommel-Spargel*: Pfähle, in den Strandschlick gerammt, auf daß dort keiner lande aus der Luft oder gar von See her. Der Einfall hat sich ähnlich gut bewährt wie weiland der *indirekte MG-Beschuß*, und von dem armen Hund in der Blechschachtel haben wir nie wieder was gehört.

Toni Wagner, Oberleutnant, *Heil Hitler, Grenadiere!*, ab 22. 7. jeden Morgen freudig Pfötchen gehoben vor versammelter Kompanie, als sei jene das Ehrenmal an der Feldherrenhalle, er war das Herzstück jener zarten Hysterie, die mit der allgemeinen Ulcus-Anfälligkeit an Walcherens Küste sich einhauste. Ein sehr apartes Talent hatte er, sich mißverständlich auszudrücken. Als er uns Rommelspargel-Pfähle schleppen hieß über die Dünen und ihm dabei gemeldet wurde, es sei ein Attentat verübt worden, der Führer aber lebe, da sagte er: Scheiße!, meinte damit gewiß das Attentat, aber wie klang das. Viel später, als er anfing, die Guldenscheine der Kompanie zu verbrennen, auf daß sie nicht fielen in Feindeshand, habe ich ihn telefonieren hören über eine Exekution holländischer Widerstandskämpfer in den Dünen: Geheim müsse der Platz sein, sonst würde das eine Wallfahrtsstätte werden der Märtyrer. Was er da wohl gemeint hat, da ihm doch stets feststand der Endsieg? Ich glaube nicht, daß die Exekution stattgefunden hat. Allerdings, ich habe nach dem Zuhören schleunigst das sehr begrenzte Weite gesucht.

Zu den Grenzen des Weiten gehörten damals neben dem neuen Wasser auch die alten Minen in den Dünenwiesen. Sie waren natürlich gelegt, dem Feinde zu schaden, falls einer käme, uns aber hinderten sie daran, auch nur den klitzekleinsten Versuch zu machen, zu türmen. Eigentlich wollte man auch nicht türmen. Vereinnahmt werden, das wollten die meisten. Es kam nur niemand, der das tat, nicht im August, nicht im September, nicht im Oktober. Der letzte Monat war ungemein feucht, ein Flieger schoß auf Käse und einzelnen Obergefreiten. Auch ich war in einen Bunker gezogen. Dorthin kam manchmal Herr Oberleutnant und besuchte uns. Einen Bunker für sich ganz allein hatte er nach dem Haus sich eingerichtet, mit den gleichen Kübeln und beträchtlichem Wandschmuck: ei-

nem Hitler, einem Himmler. Sprach es für Toni Wag-
ners feines politisches Gespür, daß über der schwellen-
den Couch der kürzlich ernannte Befehlshaber von Er-
satzheer und Volkssturm noch größer ausgefallen war
als sein Führer?

Als ich dieses Beton-Interieur sah des Herrn Oberleutnant, so ganz angelegt auf Dauer, da dachte ich an
seinen letzten Besuch auf dem Dachboden des Bauern-
hauses, wo die Säcke hingen voller Dauerzwieback.
Während ich dort nach Mäusen suchte, hörte ich unter
dem Fenster ein feines, beständiges Knupsen. Hinaus
spähte ich und sah einem alten Bauern ins Gesicht: Auf
langer Leiter stand er und beschnitt nach Jahr und Tag
zum ersten Mal wieder den wilden Wein an seinem
Haus. – Der kann es brauchen, sagte ich. Er kniff mir
ein Auge.

Es war dies nicht mein letztes holländisches geknif-
fenes Auge. Das wurde mir geliefert, als kanadische
Wachen uns am 4. November über die Strandpromenade jagten in Vlissingen. Jedermann dort war fröhlich, auch eine größere Gruppe von Widerstands-
kämpfern mit *Oranje*-Binden. Ihr Chef war nicht zu
übersehen. Er kniff mir sein Auge, des nun abgebrann-
ten *Hotel Britannia* Oberkellner, der Zigaretten und Öl
verkauft hatte unter dem Tisch, und auf ihm nette Gespräche zum Gläschen Genever.

Einen Tag vor meinem Geburtstag waren die Kana-
dier gelandet nicht weit vom Düneneinbruch. Im Bunker hockten wir und harrten weiter. Niemand wagte,
zu wetten, ob noch Krieg erwünscht sein würde oder
nicht. Einen Tag nach meinem Geburtstag, achtund-

vierzig Stunden warten ist auch kein Vergnügen, kam ein Marinesoldat in den Bunker und sprach: Die sind jetzt draußen, und ihr sollt rauskommen mit den Händen nach oben und ohne alle Waffen und ohne Koppel. Zögernd drängten wir wie verlangt aus dem Bunker. Zwei Kämpfer standen dort mit Maschinenpistolen und auch sonst wie aus dem Bilderbuch. Unsere Armbanduhren waren gut zu sehen an den erhobenen Handgelenken. Die Gefangennahme verzögerte sich etwas, weil wir sie für die beiden Herren erst abbinden mußten.

Aber wer will sie schon zählen, die ersten Stunden der Freiheit.

Null ouvert

Wenig läßt sich anfangen mit der Null. Ihre Existenz allein ermöglicht das Dezimalsystem, aber damit erschöpft sich die Existenz auch so ziemlich und bleibt statisch. Feinsinnige Betrachter hatten sich nach 1945 verführen lassen, vom *Jahre Null* zu sprechen, wahlweise auch von der *Stunde Null,* und von den nie gereiften Blütenträumen, die darin geträumt worden seien: ein Mehrzweck-Blabla, für das man nicht allein Feuilletonisten verantwortlich machen sollte. Ich fürchte, auch ich bin einmal auf diesem lahmen Maultier in einen Artikel hineingeritten. Tief errötet bin ich darum, als ich später auf die Definition der Null gestoßen bin: *Die Differenz zweier gleicher Größen* – was, angewendet auf Anno Fünfundvierzig, peinlich genau das Gegenteil von dem bedeutet, was wir alle haben sagen wollen. Dabei läßt man es besser und forscht nicht weiter, ob nicht auch dies einen gewissen Wahrheitsgehalt habe.

Ein *Null ouvert,* wie ich ihn gelernt habe in Jabekke, ist da schon besser: die Chance, ziemlich nachdrücklich zu gewinnen, und dies mit offen gelegten Karten. Noch schöner ist nur *Grand ouvert,* aber da muß man sämtliche Stiche machen, sonst ist alles verloren. Um alles oder nichts war eben erst gespielt worden. Leicht ließen 1945 die Reize der Null sich entdecken. Viele Leute meinen, sobald man sie wieder ein bißchen spielen ließ, hätten die Deutschen gesetzt auf *Null ouvert* und damit auch häufig gewonnen.

Zwei Jahrzehnte lang hat jedermann die Resultate für positiv gehalten; Arbeitsbürgerstolz ist aufgeblüht und *(Wir sind wieder wer)* beklemmende Munterkeit auch. Dann wurde die Sache mit den Blütenträumen ernsthaft angefaßt. Wohlgenährte herangewachsene Söhne und Töchter sagten ihren Vätern, verloren hätten jene ihr Spiel, auch wenn sie das nicht wüßten und nicht einsehen wollten. Frei erfunden ist, danach hätten sie die Schlüssel vom *Jaguar* erbeten zwecks Fahrt zur Demo; nur sehr wenige deutsche Väter und Mütter haben *Jaguar* gefahren in den Sechzigerjahren.

Dieses Urteil der *neuen Menschen* (das kalifornische Modell nach Professor Marcuse) ist später bei allem Abscheu gegen Materielles nicht mehr ganz so verbreitet gewesen und beliebt; es fanden sich aber Varianten: Tüchtig und intelligent war der Arzt, der Ende der Achtzigerjahre Frau F. betreut hat bei einem Besuch in Hamburg – um die vierzig und noch wandervogelfrisch mit ein wenig *We shall overcome*, dabei milde ironisch im Umgang mit satten Bürgern wie uns. Am Krankenbett kamen wir über Hamburger Reminiszenzen auf die ersten Nachkriegsjahre, des Medicus Geburtszeit, und sogleich erwähnte er ungereifte Blütenträume. Weise und zeitsparend ist es, dazu besorgt zu nicken. Ich war nicht weise. Mit ein bißchen Wirklichkeit habe ich es versucht, habe erwähnt, wie man ans Aufräumen ging in jenen Jahren, und sprach, ich Idiot: Nun ja, und dabei hat es angefangen, zu regnen.

Eben! sagte der Medicus. *Dollars* hat es geregnet.

Nie lernt man aus. Nicht vorsichtig genug kann man sein. Metaphern soll der Kuckuck holen; sie sind nicht nur Gnade, man darf auch nach Möglichkeit keinen Einstieg in sie anbieten. Harmlos hatte ich sprechen wollen vom Regen aus nassen Wassertropfen, der es notwendig macht, Dächer zu bauen, wo Mauern noch stehen, und Mauern mit Dächern, wo gar nichts mehr steht, und wie so eines zum anderen gekommen ist mit dem Bauen und mit der Arbeit überhaupt. Mein Medicus aber war der Meinung, wir hätten um die Zeit seiner Geburt für einige popelige Devisen etwas verscherbelt, was zwar nicht näher zu definieren ist, aber doch entscheidend.

Wenig läßt sich da tun. Trotz aller Beschreibungen aus *jenen Tagen*, den in jener Zeit schon Erwachsenen ist es niemals gelungen, Nachlebenden klar zu machen, *wie es gewesen ist*. Verarbeitung von Informationen verlangt Vorstellungskraft, und Vorstellungskraft überschreitet nur selten die Grenze der eigenen Erfahrungen. Wenn dann beim Empfänger auch noch lieb gewordene Thesen im Wege stehen wie Beistelltische, findet man sich besser damit ab, daß Geschichte Ansichtssache ist.

Als ich im April 1947 nach Hause kam, hatte einiger Ruinenstaub sich schon gesetzt. Noch fanden die meisten Bürger sich Auge in Auge mit Gorgo, doch war jene dabei, ihr Schlangenhaupt zu kämmen und zu ordnen in Locken. Wie im Gefangenenlager hatte auch zu Hause die Kunde aus Auschwitz, Ravensbrück und vielen anderen Orten fast jedermann bedrängt und erschreckt. Wie im Gefangenenlager war auch zu Hause Streit aufgeflammt über die These von der Kollektivschuld: hie Pastor, hie Pater, Wittenberg nahm an, Rom verwarf – doch zwischen jedermann und seinen Schock hatte das Streitgespräch sich geschoben wie ein Vorhang. Der Gerichtstag von Nürnberg, der verdiente Strick für einen Streicher, ein Freispruch für einen von Papen, das Trio Hitler-Goebbels-Himmler, das vor seinen Richtern sich gedrückt hatte –: Das wäre der Augenblick gewesen für beide Kirchen, mittelalterlich mutig zu sein und das Volk aufzurufen zur Buße und Besinnung, ob das allgemein nun gehört worden wäre oder nicht. Manche Verklemmung hätte es lösen können auf jeden Fall.

So wird es denn klemmen, bis jedermann aus jenen Tagen gestorben ist. Kein Ausgleich ist die Gründung gewesen von evangelischen und katholischen Akademien an landschaftlich schönen Punkten, mit Morgengebet vor interessanten Referaten und Diskussionen, mit Andacht vor dem Abendessen.

Jenseits vom Kirchenbesuch in jenen Hungertagen (an manchen Orten war der Lohn für Regelmäßigkeit ein *Care*-Paket mit Lebensmitteln), jenseits auch vom Alltag des Schlange-Stehens für Wohnraum oder Bezugsscheine, ist noch weithin die Erkenntnis verbreitet gewesen, wie sehr sterblich der Mensch ist. Darum sind häufig Feste gefeiert worden, auf denen nicht viel anderes gereicht wurde als eben das Fest. Lause-Tom-

my war in München der Oberkellner im *Café Luitpold*
oder ein kaum noch fremdländischer Herr aus Län-
dern im Osten, nun wohnhaft jenseits der Isar in der
Möhlstraße. Die Festfeierer aber und fast alle anderen
Deutschen auch hatten den Zweiten Weltkrieg mit jenem ungemeinen Impetus verlassen, mit dem allen Be-
richten nach sie einst eingetreten sind in den Ersten.
Nix *Im Felde unbesiegt*, nix *Dolchstoß* und andere Wal-
lungen: Trotz Hunger und mancher Schwäche nahm
als Arkanum eine überwiegende Mehrheit die tägliche
Arbeit zu sich, obwohl die Resultate so dürftig schienen. Das hat angehalten, bis die Sache wieder sich zu
lohnen begann, und nach diesem Zeitpunkt ohnehin.
Das Resultat war kein Wunder.

Fünffach bin ich bevorzugt gewesen: Angehörige
noch am Leben; gefangen gesessen nicht bei den Russen, sondern bei den Briten; gesund geblieben an den
meisten Gliedern; zu Hause nicht, wo die Einwohner
ausgetrieben worden waren, und auch nicht dort, wo
nur der Diktator gewechselt hatte; ein nicht beschädigtes Zimmer, das auf mich wartete. Das ist schon fast
genug, um verachtet zu werden. Der Truppentrans-
porter machte fest in Cuxhaven. Durch die *Zone* der
Briten fuhr ein Zug uns auf einen Truppenübungs-
platz, an den kaum jemand freundliche Erinnerungen
hatte. Diesmal war die Schlacht dort echt: mit Knüp-
peln gegen die deutschen Ordnungshüter, die unsere
paar *Senior Service* stehlen wollten und unser bißchen
Seife. Wer bei den Amerikanern wohnte, durfte Tage
später weiter reisen in das erste weiland Konzentra-
tionslager von Weltruhm; nicht aus Gründen der Be-

lehrung geschah das; stets eignen Lager wie das in Dachau sich gut zur Verwaltung von Menschenmengen. Nicht herumgeführt wurden wir, sondern entlassen. Die Schlange der fast schon freien Gefangenen schuffelte an einem Schreiber vorbei, der jedem die gleiche Frage stellte und nach der Verneinung mit dem Stempel bumste: *SS gewesen?* – Stempelbums – *SS gewesen?* – Stempelbums – *SS gewesen?* – Stempelbums – *SS gewesen…?* Die Litanei versickerte, draußen ging ein frischer Wind, der Zug fuhr pünktlich, Bayern sah merkwürdig unbeschädigt aus, doch in München fand ich neben anderem auch den Starnberger Bahnhof nicht. An seinem Platz stand ein Schuppen für Fahrkartenverkauf. Der Schreck war unverhältnismäßig gering. Viele Trümmer machen weniger Eindruck als wenige Trümmer.

Ich fand meine Mutter. Ich fuhr nach Tutzing zum Grab meines Vaters. In dem kleinen Starnberger Haus lebten vier Erwachsene und vier heranwachsende Kinder. Ich bin am Schachspiel nie sehr interessiert gewesen, doch jeden Sonntag ging ich hinunter in den Ort und spielte Schach mit einem Mann, der war interessiert, nur fehlte ihm ein Partner. Es war ein Mann, der Zugang hatte zu Feuerholz und es auch zerkleinerte. Noch anstrengender als Rochaden sind unsere Gespräche gewesen.

Aufgehoben hatte meine Mutter mir die Exemplare des *Ruf* und die Hefte von Hans Eberhard Friedrichs *Prisma*: Beide regten mich auf und an, jedes auf seine Art. Just um diese Zeit wurde auf besatzungsmächtigen Wunsch der *Ruf* den Redakteuren Alfred Andersch und Hans Werner Richter entzogen; die Amerikaner hatten den Entzug der Lizenz angedroht. Das Blatt erschien dann unter der Regie von Erich Kuby, damals und noch einige Jahre lang Tausendsassa vom Dienst; es sah ein wenig anders aus, wurde aber weiter ganz gern gelesen. Der rebellische Wunsch fehlte ihm, doch bot Kuby entfernt ähnliche Unterhaltung an. Dies ist eines der raren Exempel für das Schicksal von Blütenträumen.

Nicht sicher bin ich gewesen, ob ich mein Leben lang Bücher machen wollte. Lektor, das klang nicht schlecht; ein guter Lektor ist dem Autor eine Gabe Gottes und kommt nicht häufig vor. Ich bin kein sehr guter Lektor geworden, leidlich brauchbar vielleicht, doch zu eigensinnig und mit zu wenig Einfühlungsgabe. Einen Typus *Lektor* gibt es nicht, auch läßt ein Lektor nach Plan sich nicht herstellen, so wenig wie ein Autor. Wenn einer vorkommt, ist er ganz anders als jeder andere gute Lektor. Immerhin, als einziges im Leben wirklich erlernt habe ich den Beruf eines Verlagsbuchhändlers und auch leidlich brav einige Zeit ausgeübt, beides im Haus des großen alten Reinhard Piper. Seinen Sohn Klaus ließ er seit dem Krieg die Geschäfte führen, doch war er nachdrücklich anwesend mit jenem kindlichen Charme, der unwiderstehlich ist, falls genährt von Klugheit und gewürzt mit einem Korn sanfter Tücke.

Klaus Piper ist von Jugend auf ein ernster und würdiger Mann gewesen, der gern ernste und würdige Bücher machte, auch wenn darin Texte standen von Karl Valentin oder später dem Mr. Forsyth. Während der ersten Nachkriegsjahre pflegte er vielen hinweisenden Texten ein selten abgewandeltes Sätzchen mitzugeben: *Von diesem Buch geht eine heilende Wirkung aus.* Er ging aber auch mal auf einen privaten Fasching und trug übermütig ein rot gestreiftes Unterhemd als Oberhemd. Von beiden Pipers habe ich viel gelernt, und einiges auch von dem Lektor Knaus, dessen Karriere ich später verfolgt habe mit höflichem Staunen.

Die langen Wege jeden frühen Morgen, zu Fuß zur Bahn, sodann bis München gestanden, auf Straßenbahnen gewartet und gequetscht transportiert durch Ruinenlandschaft mit Häusern. Arbeitsplatz, und als Lehrling auch mal ein paar Stunden Schlange stehen auf dem Wohnungsamt zwecks Wohnraumbeschaffung für Hausgehilfin des Chefs, welchen Chefs, habe ich vergessen. Türme von eingesandten Manuskripten und die barmherzige Lüge, daß *unser Programm leider schon auf Jahre ausgelastet ist.* Und weit und breit kein vielversprechender neuer Erzähler. Die deutschen Verleger, so sie es besaßen, haben damals weitgehend vom Eingemachten gelebt. Piper hatte genug davon auf den Regalen von Dostojewskij bis Barlach, flocht aber auch Neues ein wie etwa Hans Egon Holthusens Gedichte. Mangelware waren Autoren wie Borchert oder Kolbenhoff, die schon so früh ihrer Zeit die Rechnung aufmachten: selten wie Schinken oder Kaffee, doch anders als jenes auch noch knapp nach der Währungsreform.

Was für eine schöne Zeit: im Rückblick. Erst siebenundzwanzig war ich und fühlte mich wie höchstens neunzehn. Und, denke ich mir, benahm mich auch so.

Gelegentlich ging ich in die Universität, schnupperte ein wenig und ging wieder hinaus: Eines Tages vielleicht, aber nicht jetzt. Der Tag ist nie gekommen, und manchmal muß ich jemandem sagen, ich sei aber kein Doktor.

Ein ungewöhnlich scheußlicher Winter war das für jedermann, da half nicht einmal das Bauerntheater der wiedererstandenen bayerischen Lokalpolitik. *Hurenkinder* beseitigte ich am Schreibtisch, brachte Halbsätze ein und versuchte eine junge Autorin ins Netz zu kriegen, bei der sich später erwies, daß die attraktiven Texte unter ihrem Namen von ihrem Vater stammten, der selbst zu publizieren es im Augenblick nicht für opportun hielt. Als die Schlüsselblumen blühten, kam ein Bekannter vom Elternbesuch im Ruhrgebiet zurück. Walzstraßensohn war er und doppelter Doktor. Wenn er meine Mutter traf, fragte er sie: Was macht die Dichtkunst? – Diesmal aber berichtete er von Erlauschtem zwischen Hochofen und väterlichem Schreibtisch: Nach einem Geldschnitt würde die Wirtschaft sich erheben *wie Phönix aus der Asche*. Er neigte zu Klischees, was stets für Zuverlässigkeit spricht. Töricht genug war ich, ihm trotzdem nicht zu glauben. Eine Änderung der Zustände war doch kaum möglich?

Am Sonnabend vor dem regnerischen Geldsonntag kaufte ich ein Viertelpfund Salz, das die Krämerin nur sehr ungern herausrückte. Etwa zehn Wochen später durfte ich eine längere Reise tun für das Haus Piper, nach Frankfurt am Main. Dort fand eine erste Messe statt für alle möglichen Sorten von Papier; eben noch rechtzeitig war den Veranstaltern eingefallen, daß auch

Bücher aus Papier sind. Sie luden ein. Als einziger Verleger hat Klaus P. diese Einladung vernünftig gefunden. Erst kürzlich hatte er dem Sortiment mitteilen lassen, man sei *vom Zuteilungsverfahren zum Bestellverfahren übergegangen*, eine Formulierung, deren Anmut mich immer noch entzückt; sie meint, daß die Buchhändler wieder sich selbst aussuchen können, was sie verkaufen möchten. Nun zog der Verleger aus der Georgenstraße ein Jahr vor allen anderen Kollegen ein in die Frankfurter Messehallen. Die Zeit war reif für nahezu alles. Ich als der Entbehrlichste wurde ausersehen, zwischen Toilettenrollen und Briefpapier dem Geist eine Gasse zu brechen, und nahm zu diesem Zweck mehrere Bücherpakete mit, kiloweise Jaspers, pfundweise Mereschkowskij, aber auch einiges Leichtere.

Gereist sind die Deutschen sogleich nach Kriegsende, und dies nicht nur, wenn sie mußten. Es war kein Vergnügen, doch in den vollgepackten, zugigen Zügen standen auf einem Bein stundenlang auch Vergnügungsreisende; zunächst rollten sie in der eigenen *Zone* herum, bald aber wagten sie sich auch an *grenzüberschreitenden Verkehr*, etwa von Kassel nach Hamburg. Ein gutes Teil dieser aufreibenden Leidenschaft war wohl die Lust an der Freiheit, die hier allein sich auskosten ließ: zu fahren, wohin man wollte, solange man wollte und wie man wollte. *Erst siegen, dann reisen* war eine der perfidesten Propaganda-Karotten gewesen, die vor den Nasen tanzten von uns armen Eseln. Nun war ja gesiegt worden. Nach dem Geldschnitt aber, da sich herausstellte, daß ihre besseren Sachen auch die

Bahn unter dem Ladentisch gehütet hatte, und da es ja nun auch richtiges Geld kostete: was für ein erhabenes Vergnügen und Trunkenheit ohne Wein. Es brachte fast Tränen und gewiß große, wenn auch unbestimmte Rührung, am Fenster zu sitzen und in der Kurve der Geislinger Steige sich zu ergötzen am Anblick des eigenen, kompletten und properen D-Zugs. Etwas Erhabenes hatte das, sanft kitschig, aber schön.

Menschen, die mit Papier umgehen, es herstellen oder aber unter die Leute bringen als *Büromittel*, stehen dem Buch nahe, man könnte fast sagen, es gehört bei ihnen dazu. Viel Besuch haben wir bekommen an zwei Messetagen, der Herr von der Auslieferung und ich, wie wir da saßen zu Seiten des von mir hübsch mit Literatur dekorierten Tischs. Heilende Wirkung ging von uns aus, wenn auch der Bestellblock wenig benutzt wurde. Wir plauderten und ließen blättern, und einmal kam sogar ein richtiger Buchhändler vorbei. Noch hing Archaisches in der Luft, und ich mußte ein ganz nettes Angebot von lila Briefpapier gegen einen Holthusen ausschlagen, und auch die erstklassige Tauschofferte eines stattlichen Postens weißer Toilettenrollen gegen unseren einzigen Jaspers *Von der Wahrheit*. Standhaft verwiesen wir auf den Buchhandel. Es war noch ziemlich hartes Papier auf den Rollen.

Ich habe dann noch meinen Onkel Peter Suhrkamp getroffen, der immer häufiger sich in Frankfurt aufhielt. Ausgefragt hat er mich, wie das denn gewesen sei in den Messehallen; als Mensch hat es ihn interessiert, als Verleger und als Statthalter des Hauses S. Fischer. Nichts hat das gewiß damit zu tun, daß 1949 die erste vom Börsenverein abgesegnete Frankfurter Buchmesse stattfand: feierlich, doch sogleich beengt in der Paulskirche – daher der Einjahres-Vorsprung der Pipers in den Messehallen. Der Herr von der Auslieferung und ich: Wir sind die allererste Frankfurter Buchmesse gewesen. Onkel Peter, Mann meiner Tante, hat beim Abschied wie immer mich gefragt, ob er etwas tun könnte für mich, und wie immer habe ich geantwortet: Vielen Dank, nein. Vielleicht hätte ich mich etwas mehr wundern sollen über diese permanente Frage. Herr Suhrkamp schien gar nicht auf den Gedanken zu kommen, daß man ihn leidlich interessant finden könnte auch frei von Wünschen und Anliegen. Er ist allerdings in dieser Hinsicht bis zu seinem Tod nicht verwöhnt worden.

So wenig bin ich mit der Zeit des neuen Geldes vertraut gewesen, daß ich nicht auf den Gedanken gekommen war, mich in Frankfurt umzusehen nach einem Hotel. In ihrem Elternhaus herbergte mit mütterlicher Erlaubnis mich eine junge Dame; von herzlich auf freundschaftlich hatten wir unsere Beziehungen umgestellt vor knapp einem Jahr. Das genügte noch für meinen Schlaf auf einem kostbar geräumigen Sofa im großen Wohnzimmer. Ich war sehr dankbar dafür. Bruder und Schwester meiner Freundin waren schon weiter fortgeschritten in der neuen Zeit des nun Normalen und ließen mich teilhaben daran. Stets sprachen sie beide an den Abenden: Ich sage schon jetzt auf Wiedersehen, weil ich Sie morgen ja bestimmt nicht mehr treffen werde. – So zarter Hinweis wird mir leider immer erst klar nach einigen Wochen, dann aber mit

Nachdruck. Alle paar Jahre einmal frage ich mich, für wen diese Erinnerung mir nun eigentlich so peinlich ist, für mich oder für die beiden nun auch greisen Stützen der Gesellschaft.

In Stuttgart stieg ich aus auf der Rückfahrt, das Ehepaar wiederzusehen, mit dem Waldemar mich bekannt gemacht hatte im Jahr zuvor. Die Bücherpakete schleppte ich zur Gepäckaufbewahrung. Dort tat ein Mann Dienst, der erkannte mich, und ich erkannte ihn dann auch: Zusammen Dienst hatten wir getan in Frankreich und in Rußland. Nun stand er da, hatte den Nummernzettel in der Hand für meine Pakete, und in begeistertem Schwäbisch entschlüpfte ihm nahezu komplett die Winterschlacht im Osten, wo der Russe, und wo wir, und wie wir dann, als er schließlich gekommen ist, und die Zehen erfroren, aber egal, und daß man draufhalten mußte, und ich weiß doch bestimmt noch von diesem, und daß jener dann schließlich doch nix geworden ist, aber dann der Hinterhalt… Stetig verlängerte sich hinter mir die Schlange der Leute, die ihr Gepäck holen wollten oder loswerden. Ich konnte den Platz nicht freimachen, ich hatte meine Nummer immer noch nicht. Volkswut am Ende hat mich gerettet. Ob ich, rief er noch, nicht heute abend… Wir müßten doch mal in Ruhe… Es war dies, hoffe ich, nach Weltkrieg Zwo doch ein Ausnahmefall. Was für ein Leben, in dem solches Elend gehegt wird mit Begeisterung. Nun ja, wenn man es genau nimmt, auch Jüngers *Stahlgewitter*… Ist es eine Frage des Talents?

Die Feischners bewohnten im Vorort Kaltenthal zwei Zimmerchen bei einer bösartigen Hebamme.

1940 hatten sie das etwas kleinere Übel gewählt und waren Stalins Zugriff in Reval entkommen mit dem letzten Schiff der *Nachumsiedlung* nach Deutschland. Heinrich Feischner war Balte und ein für die Nazis bei weiten zu zeitgenössischer Komponist. Seine Frau Ursula hatte er auf der Bühne des Deutschen Theaters in Reval gesehen, hatte sie umworben mit Rosen, Beständigkeit und Charme. Gegen Kriegsende war das Ehepaar von Berlin ausgewichen nach Thüringen und von dort aufs neue Stalin entkommen in das Gebiet der Amerikaner. Die Begrüßung, als ich endlich Haus, Wohnung und sie darin wiedergefunden hatte, Ursulas Begrüßung insbesondere ging über eine gewisse Zuneigung weit hinaus. Wie ein ersehnter Retter wurde ich willkommen geheißen, und in der Tat, ein Retter sollte ich sein, und die Sache war ganz einfach, aber eben deswegen sehr schwierig.

Wie viele Leute in den mehr als freien Berufen waren Ursula und Heinz Opfer der Währungsreform. Heinz verdiente sein Geld mit Kompositionen für Theater und mit Aufträgen vom Rundfunk. Ursula hatte nach langer Krankheit kein Engagement für die Spielzeit. Seit dem Geldschnitt wurde allenthalben sehr gespart an allen freien Mitarbeitern. Noch war genügend im Haus, um Sauerkrautsuppe zu machen für vier Personen, etwas Brot, eine Kleinigkeit Kaffee, elf Zigaretten und genügend Geld, um einmal Straßenbahn zu fahren zum Funkhaus und zurück. Bei einem Besuch in eben diesem Haus hatten die beiden auch hineingeschaut bei den Herren vom Schulfunk. Einen Auftrag für Musik gab es dort leider nicht, doch aus dem Nebenzimmer drang Stöhnen über ein völlig unmögliches Manuskript, gewidmet dem Komponisten Felix Mendelssohn-Bartholdy, Wunderkind, Wunderjüngling und früh gestorbener Wundermann. Nicht sendefähig, aber schon mit Sendetermin: Was tun? Ursula betrat das Nebenzimmer. Den verantwortlichen Herrn machte sie bekannt mit einem glücklichen Zufall: Felix M.-B., sein Leben wie seine Musik, seien ihr schon lange sehr vertraut. So überzeugend war sie, so reizvoll und dazu vor Hunger auch noch so elfisch, daß ihr nicht nur geglaubt wurde; man vergaß auch, zu fragen, ob sie schon mal etwas geschrieben habe. Ab zog sie mit dem Eilauftrag. Bücher borgte sie sich über den Mann, der wohlbekannt ist jeder gebildeten Dame, doch nicht unbedingt wohlvertraut. Alles wußte sie über F.M.-B., als arglos ich das Zimmer betrat, alles über seine Musiken, Affairen und Traurigkeiten, um einen dramatischen, aber auch sehr belehrenden Heuler loszulassen; auch war sie sich im klaren, wie etwa er abzulaufen habe, raffinierte Rückblenden eingeschlossen – und war fest überzeugt von ihrer Unfähigkeit, auch nur eine Zeile davon ausreichend zu formulieren. Leider ist sie mindestens ebenso sicher gewesen, für mich werde das ein Klacks sein oder doch zum mindesten kein unlösbares Problem. Und in einer Stunde käme ein Mädchen, das sei Sekretärin, wollte aber Schauspielerin werden. Es werde den Text aufnehmen und tippen und bezahlt werden mit Unterricht.

Ein Klacks war es gewiß nicht. Einem fast unlösbaren Problem sah es sehr ähnlich. Ein paar mäßige Gedichte hatte ich hinter mir und ein paar bescheidene Prosastückchen, nichts aber, das dem freien Dialog ähnlich sah oder gar dem Rundfunk. Schulfunk hatte ich noch nie gehört. Wehrlos aber war ich gegen diese seelenruhige Gewißheit meiner Fähigkeiten, ganz ungestört von Zweifeln und gehegt von einer Dame, der ich scheu und tief innen außerordentlich zugetan war. Natürlich habe ich ihr ausgebreitet, was alles sprach gegen ihr verrücktes Vorhaben. Jedes Wort klang fatal nach falscher Bescheidenheit. Im Hintergrund lächelte ihr Mann, ein Mann der Töne, der sich nicht einmischte in Angelegenheiten der Worte. Mir blieb nichts anderes übrig, als das Problem einen Klacks sein zu lassen. Während der nächsten fünf Stunden haben wir einen biographisch einwandfreien Vollkünstler namens Felix Mendelssohn-Bartholdy in die Welt gesetzt für die lauschende Jugend, und Mensch war er auch noch. Das Original hätte darin vermutlich sich nicht erkannt, doch nicht umhin gekonnt, zu seinem Wortbild ja zu sagen. – Leicht ist es nicht gewesen, doch wenn man erst mal in Gang kommt, wird vieles möglich. Wir aßen die Krautsuppe, bereitet von Heinz. Das Mädchen ist dann gegangen und hat Nachtstunden lang schwäbisch zuverlässig getippt. Am Vormittag hat die Autorin Ursula das Manuskript den Schulfunk-Herren überreicht. Weil es so eilig gewesen ist, haben sie es auch gleich gelesen, und es hat ihnen gefallen.

Ohne Folgen ist das nicht geblieben. In Kaltenthal hat es eine bescheidene Schulfunk-Industrie begründet, betrieben allein von der Dame des Hauses, neben vielem anderen, das sie unternahm; das erbrachte ein

Jahr später gar genügend Baukostenzuschuß, um der bösen Hebamme zu entkommen. Auch ich, dem Beratung nachgesagt wurde im Falle Felix, habe fortan etwas Stuttgarter Schulfunk hervorbringen dürfen, jedoch nicht wieder über Musiker. Was aber schwerer wog: Da jemand so ganz sicher gewesen war, ich könnte etwas Bestimmtes machen, und ich habe es dann tatsächlich gemacht, das hat mir beinahe mehr Hemmungen gelöst und Klemmungen, als erlaubt schien. Felix M.-B., der Frühstarter, ist mir weit mehr geworden als ein Spätsommernachtstraum.

Zunächst habe ich allerdings noch gut zwölf Monate lang getan, was viele damals getan haben, obwohl sie des guten Gewissens und auch der Ernährung wegen regelmäßig und fleißig arbeiteten: Herumgespielt habe ich, da und dort etwas probiert, hier ein Geschichtchen, dort eine Buchkritik, da ein Versuch im Hörspiel, all das als höchstens Halbprofessional – herumgeschnuppert wie ein junger Hund und war doch fast schon dreißig und bin auch ganz brav gewesen in dem der Zeit nach viel längeren Arbeitsteil bei Piper. Dort saß ich nun gegenüber der Schwester des Verlegers, Ulrike: Neigungen zu konsequenter Rebellion hat sie damals noch tief in ihrem Herzen gehütet und war ein nettes Mädchen. Wir versuchten uns daran, liebevoll umzugehen mit Kritikern und Texte hervorzubringen, die Buchhändlern die Bücher verlockend machen sollen und der Kundschaft auch. Es war eine sehr nützliche Tätigkeit. Später hat mir das geholfen, bei der Lektüre solcher Texte die Beweggründe von Verlegern zu würdigen. Wir haben fleißig gearbeitet, und es hat uns Spaß gemacht: So vieles schien frisch und neu wie am ersten verlegerischen Schöpfungstag.

Das war es nicht, doch eifrig haben wir mitgestrickt an dem neuen Muster einer Industrie zur Unterhaltung des Arbeitsbürgers: liebevolle geistige Bemühung vor regelmäßigem Ausstoß von Büchern, Zeitungen, Zeitschriften, Proben und Premieren, Rundfunksendungen und natürlich auch wegweisenden Podiums-Diskussionen. Das klingt nach planmäßiger Vorbereitung auf den später servierten täglichen Fernseh-Eintopf; jedoch, wer würde auf Parasiten sich eigens vorbereiten? An der Stelle von *Unterhaltung* kann gewiß auch das schön gesättigte Wort *Kultur* stehen. Es verschleiert allerdings den Tatbestand, daß Zeitungsleser auch den täglichen Lauf der Welt samt Handel und Wandel hauptsächlich zur Unterhaltung konsumieren, ausgenommen vielleicht den Kurszettel. Andererseits, bei Konsumenten etwa in der Sparte Literatur gibt es eine stattliche Gruppe, die ihre Unterhaltung erst vom *Schloß* oder von *Doktor Faustus* aufwärts findet, was die Rechte anderer Gruppen auf Bedarf an zahllosen Leseheftchen nicht mindert.

Neu an dem Nachkriegsmuster der Industrie war nicht allein die Beschränkung auf einen Teil des Landes; neu war der Impetus aus Provinzzentralen: schlichte Vitalität mit weniger Eleganz als ehedem gewohnt aus der Hauptstadt. Jedoch, selbst in München wurde da manches ausgeglichen von umgesiedelten Berlinern, die schon vor den Nazis erwachsen gewesen waren und bei ihrer Meinung aus jener Zeit geblieben. Berlin, dessen Bewohner im größeren Teil soeben ihre

Freiheit verteidigt hatten und erhungert, bewahrte in der Industrie sich einen Extraplatz, wie er dem Metropolen-Exempel zukommt.

Kerne der Entwicklung sind die ersten funktionierenden Großbetriebe gewesen, die lizenzierten Rundfunkanstalten. Von ihnen her wehte ein Lüftchen elitären Hochmuts, das sich ausbreitete auch in anderen Sparten der Industrie. Es war und ist wenig bekömmlich für jedermann. Auch breitete sich von hier die in Demokratien sonst seltene Sitte aus, jede andere als die eigene politische Meinung für anrüchig zu erklären. Dies zusammen mit dem erwähnten Hochmut hat fast bei allen Kultur- oder Unterhaltungs-Arbeitern herzhafte Unkenntnis gefördert von Denken, Leben und Arbeit in allen anderen Bevölkerungsgruppen. Gefeit dagegen sind später auch jene Kulturarbeiter nicht gewesen, die dem Volk und der Politik besonders verbunden sich fühlten. Aber wer würde darüber klagen? So ridikül wie rührend ist dieses Auserlesenheitsbewußtsein. Niemand kann sämtliche Stiche machen beim *Null ouvert.*

In dem köstlichen und langen Augenblick aller Neuanfänge sind diese Details uns noch weitgehend piepe gewesen. Die Tage zu genießen hatten wir uns rasch angewöhnt. Das Jahr 1949, in dem eine ganze Menge Staat gemacht worden ist, war eine Zeit des verbreiteten und gewissermaßen zärtlichen Fleißes. Alles schien möglich denen, die das Glück hatten, am Leben zu sein und auf irgendeine Art schon oder wieder zu Hause. Soweit das Wahre, das Gute und das Schöne in Frage kam, löffelte immer noch jeder aus den Töpfchen mit

Eingemachtem, doch an einigen Stellen, Theatern etwa, schon mit güldenem Löffel. Ich verabschiedete mich in der Georgenstraße, bemühte mich ein wenig für einen Stuttgarter Verlag, lebte aber vor allem von kleinen Arbeiten für das Radio. Im Herbst atmete ich durch und begann mit der Niederschrift eines Romans – erfüllt von Respekt vor solcher Arbeit, aber auch in dem Glauben, so schwer könnte sie nicht sein. Mehrere meiner Verwandten hatten Romane geschrieben und veröffentlicht. Nach einem Monat Elend war ich so weit, jeden dieser Verwandten noch mehr zu achten als ohnehin schon.

Ein paar Jahre später hat mein Freund Günter Eich zu mir gesagt: Ich bin immer ein Kurzstreckenläufer gewesen. Ich bewundere das, wenn jemand einen Roman anfängt und auch noch zu Ende schreibt. – Er hatte leicht bewundern, der Lyriker von Rang und unbestrittene Großmeister des Hörspiels. Ein Kurzstreckenläufer, das hat sich erwiesen, war ich auch – nur lagen meine Kurzstrecken etwas weiter unten im Tal. Nicht einmal mich selbst habe ich bewundern können: Ich hatte ja noch nichts geleistet. Die Herstellung eines Romans ist eine Schinderei, bei der Arbeitsaufwand überhaupt keinen Einfluß hat auf Qualität, was zwar ganz natürlich ist, aber doch gelegentlich melancholisch macht. Dabei hatte meine erste Bemühung nur knapp dreihundert Druckseiten.

Das Netz hieß das Buch, und sein Autor nannte sich, der Himmel weiß, warum, Simon Glas. Für eine Neigung zum Pseudonym kann es gute Gründe geben (in meinem Fall war es die Existenz von bereits fünf Autoren namens Seidel), aber kaum zu verzeihen sind wenig benutzte Vornamen, falls man sie nicht bei der Taufe mitbekommen hat. Ich beispielsweise war auch auf den Namen Balthasar getauft worden, doch zur Pseudonym-Zeit kam Claudels *Seidener Schuh* auf deutsche Bühnen und machte mit Recht auch den Namen des Übersetzers Hans Urs von Balthasar sehr bekannt. Das zentrale Thema des *Netz* hat damals nahezu jeden jüngeren Erzähler beschäftigt, wenn er nicht vom Kriege unmittelbar handelte: Schuld, die sich angesammelt hatte in der jüngsten Vergangenheit. Ich hatte mir gedacht, wenn mehrere Personen schuldig geworden waren in der bösen Zeit und wenn dann einer Jahre später sie daran erinnert und mit ein bißchen Erpressung an einen Versammlungsplatz bestellt, wenn aber dieser eine vor dieser Verabredung stirbt – was geschieht dann? Es geschah eine ganze Menge, zumal Zeit der Handlung das Ende des Münchener Faschings war samt Aschermittwoch. Ein leidlich ordentliches Buch ist daraus geworden. Es wurde vorabgedruckt und später freundlich besprochen: Dergleichen macht Schinderei fast vergessen.

Noch immer war ich wenig an die Geschwindigkeit gewöhnt, mit der Welt und Umwelt sich ändern. Neigung zum Statischen ist in Ruinenlandschaften besonders wenig angebracht. Das Stadtbild verwandelte an einigen Stellen sich so rasch, als wären unter dem Ladentisch auch neue Häuser aufbewahrt gewesen. Wo es für die Höhe noch nicht reichte, waren immerhin parterre schon Geschäfte möglich, teils Weißwürste, teils Luxuspelze: München rüstete sich für die Neugeld-

Schickeria. Der Stadtteil Schwabing, in dem schon lange weit weniger Künstler hausten als Künstlerlokalbesucher, mauserte folgerichtig und straßenweise sich zum Amüsierviertel. In den Keimzellen-Tränken war auch ich zu Gast gewesen. Dann kam die Nacht, in der ich mild entsetzten Abscheu aufdämmern sah in Alfred Polgars Auge, als ich ihn und seine Frau dort herumführen durfte. Nicht das kleinste Bonmot hat er sich darüber entschlüpfen lassen.

Mehr Platz war nun in den Straßenbahnen, am Stachus wuchs ein Warenhaus heran, und Erscheinungen wie Aloys Hundhammer erschienen als nahezu veraltet. Anfang 1950 fuhr ich häufig nach Stuttgart und wagte mich unterwegs auch in den Speisewagen. Einmal plauderte ich dort mit einem angenehmen schwäbischen Herren. Er fragte, was ich so machte, und ich sagte es ihm. – Ja so, meinte er. Ich bin in der Sitzmöbelbranche. – Wie bitte? fragte ich, denn ich meinte, *Sitzmöbel* verstanden zu haben.

Sitzmöbel mach' ich, sagte er, und vertreib' sie auch selbst, sagte er. Sitzmöbel sind im Kommen. Da ist Bedarf.

Ein Wort, das es nicht gibt und offenbar in vieler Munde ist. – Der Herr war in sein Abteil zurückgekehrt. Auf kahle Schwabenfelder blickte ich und beschloß, mich mehr um die übrige weite Welt zu kümmern, auch jene der Sitzmöbelgarnituren und etwa der Nierentische. Kafka soll man kennen, aber Sitzmöbel auch.

Wenn das Wort mir einfällt, habe ich das alberne Gefühl, mit ihm sei entweder ich leidlich herangereift oder aber die Zeit des *Null ouvert* oder wir beide: schmerzloser Verlust der täppischen Unschuld, wenn auch nicht der Naivität.

Neu

Viel Nützliches wird gewiß gelehrt in Journalisten-schulen oder Akademien für Journalismus. Akademi-sche Institute für Zeitungswissenschaft oder – vor-nehmer – *für Publizistik* sind nach meiner Erfahrung weniger brauchbar: Nicht von der Sache wird dort ge-sprochen, sondern mit sanfter Herablassung über sie. Gelegentlich geben die akademischen Lehrer auch Sammlungen heraus von Texten, die andere Leute ge-schrieben haben, garnieren sie mit ein wenig Wichtig-tuerei und nennen das Endprodukt *Beispielhafter Jour-nalismus* oder dergleichen. Schwitzend macht wäh-renddessen unsereiner Zeitung, staubt alle vierzehn Tage die Theodor-Wolff-Preise ab auf dem Kamin-sims, und zum Teufel mit dem Beispielhaften.

Geschult worden bin ich nicht. Die Presse deutscher Zunge nach dem Zweiten Weltkrieg habe ich durch eine Hintertür betreten. Hintertüren waren damals allgemein beliebt und die meisten Haupteingänge zer-stört. Durch einen, als er noch stand, bin allerdings ich gegangen, habe ich mich gemogelt, lange vor dem Zweiten Weltkrieg. Den fünf Brüdern Ullstein hat er gehört, und er war bei uns in Berlin gleich um die Ecke.

Zwölf Jahre alt bin ich gewesen. Der Portier hat mich passieren lassen, weil ich aus der Schule kam und meine Mappe mithatte: Schulmappe sieht stets aus nach bravem Kind. Gesagt hatte ich, mein Vater wäre hier drin, und da wollte ich hin. Mein Vater war möglicherweise tatsächlich drin, er hatte vorgehabt, bei *der Voss* vorbeizugehen, aber verabredet sind wir nicht gewesen. Eine Stunde war ausgefallen in meinem Gymnasium, und so etwas macht übermütig. Der Portier hat mir beschrieben, wo *die Voss* zu finden sei.

Ich habe sie nicht gefunden. Was ich fand im ganzen Haus treppauf, treppab war ein Geruch, der mir heimatlich schien – nicht der von heißem Blei und Druckerschwärze, der kam erst zum Schluß, ein Geruch vielmehr aus offenen Türen von sauberem Staub, abgelagertem Papier und gelegentlich etwas Parfüm. Es gefiel mir gut, wie da Tür an Tür jemand saß, sehr ähnlich wie im Kleintierhaus vom Zoo, scheinbar ganz ruhig saß und schrieb oder leise sprach – und wie dann, Mann oder Frau, sobald sie rauskamen auf den Gang, sie ganz jemand anderer wurden und laut redeten und rannten und mit den Flügeln schlugen. Ich sah mir das alles gründlich an. Kein Mensch schien sich zu wundern, daß ich da rumlief. Ein scheues Kind war ich und habe niemanden angesprochen. Was eigentlich ich wollte, wußte ich nicht. Mal gucken, weil Ullstein. Nie habe ich genau gewußt, was im einzelnen ich bei einer Zeitung wollte. Aber *Mal gucken* ist mir immer ein Bedürfnis gewesen. Schon als Kind in vollbesetzten Sälen habe ich mich möglichst mit dem Rücken zur Seitenwand gesetzt:

Man kann sich dann die Leute ansehen. Es geht fast überall, nur in Kirchen fast nie.

Damals bei Ullstein habe ich zum Parterre zurückgefunden über eine andere Treppe des Hauses. In einen großen kahlen Saal bin ich geraten, darin saßen alte Männer vor Maschinen und tippten auf einer Tastatur und machten einen Höllenlärm. Hier roch es ganz anders, und in der Ferne regten junge Männer sich auf in weißen Hemden, und nur ein älterer im Kittel war ganz ruhig. Nach drei Minuten Glotzen bin ich rausgeschmissen worden von einem anderen Mann im Kittel. Die drei Minuten haben sich festgehakt in meinem Unterbewußtsein. Das Bild war geprägt, auch wenn es öfters verschwamm. Da wollte ich wieder hin, so scheint es. Wollte ich heute dort wieder hin, ich könnte nicht: nix Linotype mehr, nix Umbruch. Der Fotosatz unserer Tage riecht nach nichts und ist technische Magie; das heiße Blei war Zeitungsmagie. – Zu Hause habe ich meinen Besuch bei Ullstein verschwiegen. Es genügte, daß ich zu spät kam zum Mittagessen.

Meine Hintertür in eine Redaktion war die etwas knurrige Einladung, doch gelegentlich mal vorbeizukommen in der Schellingstraße. Hans Eberhard Friedrich sprach sie aus, bald nachdem er sich verabschiedet hatte von seiner Zeitschrift *Prisma* in den rauhen Winden nach der Währungsreform. Zwar edierte er noch seine Zeitschrift *Thema*, war aber Redakteur geworden des Literaturblatts der *Neuen Zeitung*. Wir kannten einander flüchtig, und mit großem Wohlwollen schien er stets mehr mir zuzutrauen als ich mir selbst. Er war einer von den liberalen Journalisten, die ihr Handwerk gelernt hatten noch in den Redaktionen der Weimarer Republik, die während der Jahre des Joseph Goebbels bescheidene Äcker bebaut hatten am Rand oder im Ausland und die nun eine neue Presse deutscher Zunge mit prägten. In dieser Presse war *DIE NEUE ZEITUNG* ein Unikum: das deutsche Qualitätsblatt der USA, gemacht von Deutschamerikanern und Deutschen – ohne Anzeigen, aber von fast aufreizend gutem Ruf.

Über ihrer Druckerei hauste die Redaktion, in dem hinteren Teil einer umfangreichen Anlage für Zeitungsherstellung. Bomben hatten das Vorderteil zerstört, doch der stehengebliebene Baukörper hatte jedermann genügt, wenn auch nur so eben: vordem den Parteigenossen und -nossinnen Schriftleitern des *Völkischen Beobachters* und nun schon jahrelang den Redakteuren der *Neuen Zeitung*. Nach Spuren von Steinmetzarbeit sah ich mich um aus reiner Gewohnheit. In München gab es besonders viele verlassene Horste von Hakenkreuz-Adlern, doch offenbar war hier nur das Vorderhaus für würdig befunden worden; ohnehin, im Blatt hatte das Personal von damals die Vögel jeden Tag. Auf den Gängen war man bedeutend sparsamer umgegangen mit Platz als weiland bei Ullstein; das betonte noch die vertraute Ähnlichkeit mit einem endlosen Kleintierhaus, in jedem Käfig 1–2 Exemplare. Nur, wie erwähnt, hier durften sie raus und rumwuseln und taten das auf die gleiche Art wie einst in der Zimmerstraße. Der deutsche Qualitätszeitungsmensch liebt Einkehr in Konferenzsälen, erduldet ächzend kurze Arbeitsaufenthalte in Produktionsräumen, will aber dann wieder in sein Kabuff, ganz wie andere ehrenwerte Geistesarbeiter auch. Das gilt selbst für Reporter. Großraumbüros nach angelsächsischer Manier mindern bei uns die Qualität des Blatts.

Friedrich, unter hellem Haar rötliches Nußknackergesicht mit britischem Schnurrbart, oft schottisch kariert angetan und stets perfekt in Schale, thronte über Bücherhaufen, die Susi Hofstadt in Ordnung zu halten sich bemühte mit Bachstelzen-Gebärde. Sehr gern schöpfte H. E. F. aus etwas unübersichtlicher Fülle, obwohl stets Ordnung herrschte in seinem einigermaßen komplizierten Dasein. Jenes barg mehr, als ein einzelner gewöhnlich bewältigt, etwa Zeitschrift *und* Zeitungsredaktion, etwa *zwei* komplette Familien, später viele Jahre lang auch noch einen ganz hübschen Antiquitätenhandel, Zusammenstellung von Reiseführern, junge Damen zur linken Hand, die Verwaltung einer Stiftung. Ganz ausgelastet hat er sich selten gefühlt. Seine Lichter stellte er nicht unter Scheffel, jedoch, was bei diesem Generator-Typus sehr selten ist, die von anderen auch nicht.

Ein nobler Unruhestifter ist er gewesen, der umherging, bewirkte und sich dann sogleich entfernte, ohne Zeit abzusitzen – nicht nur darin ähnlich dem *Querschnitt*-Chef Wedderkop.

Er hielt denn auch mit mir nicht lange sich auf, schob mir ein Buch in die Hand von Werner Wilk, hielt den Reifen mir hin mit der einigermaßen perfiden Frage: Trauen Sie sich das zu? – worauf sogleich ich sprang, und er war schon im Mantel und war schon weg. Zwar haben wir später auch ausgiebige Gespräche geführt – ich war immer ein recht guter Zuhörer –, aber selten über ein Stück Arbeit: Was er wollte, hat er nie gesagt, hat nur stets erwartet, etwas Brauchbares zu bekommen. Im Falle Werner Wilk (natürlich wurden in der amerikanischen *NZ* Bücher besprochen auch aus Potsdamer Verlagen) bekam er ein Plädoyer für Erzählungen aus der häßlichen Gegenwart; solche Bücher waren damals nicht nur selten; viele Leser graulten sich vor ihnen.

Fortan bin ich freier, doch regelmäßiger Mitarbeiter gewesen einer Zeitung. Das kam nicht allein von Friedrichs Verlockungen. Mit in der Waagschale lag der Charme, der für mich ausging von den Kleintierhaus-Kabuffs, von ihren Bewohnern und ihren Sitten. Nicht unbedingt wollte ich ein eigenes Kabuff haben, denn da müßte ich dann jeden Tag hingehen: Die Betreuung durch zwei Armeen hatte einen gewissen Abscheu mir beigebracht vor jeden Dienstes ewig gleichgestellter Uhr. Aber verkehren wollte ich gern in den Kabuffs – eine Neigung, die die Jahrzehnte überdauert hat und nicht von jedermann begrüßt worden ist. Das kommt davon, wenn man in Berufe einsteigt durch Hintertüren: Man wird geduldet, hat es aber nicht leicht, mangels offizieller Unterlage für gewohnheitsbildendes Sitzfleisch.

Zudem, meine Hintertür war und ist von allen Noteingängen zwar die beliebteste, gilt aber bei Professionals bestenfalls als Standplatz für Trittbrettmitfahrer. Das mag gemütsroh sein, entspricht aber einem sehr verbreiteten Empfinden. Als ich einmal im Mainzer Telefonbuch auf eine Dame stieß, die ihren Beruf gewiß zutreffend angab mit *Kunstkritikerin*, da habe ich das sehr lustig gefunden und finde es immer noch lustig, aber warum eigentlich? Es gibt dafür nicht einen vernünftigen Grund. Und was etwa wäre vernünftig an der Regel, daß Kritiker stets nur *Kritiker* genannt werden sollten von Leuten, die selbst keine Kritiker sind? Auch mit schmückendem Beiwort, etwa *Der bekannte Kritiker*, ganz frei von Komik wird die Bezeichnung nie. Offenbar ist kaum jemand bereit, das Absondern von kritischen Äußerungen über Äußerungen der Kunst als zureichende Lebensaufgabe anzusehen. Nur zwei oder drei Kritiker in jeder Generation schaffen es dank Originalität der eigenen Person, gegen solche Verblendung des Publikums (*und* der Künstler, *und* der Kritiker) mit Erfolg anzuleben. Unter den Spezialisierten sind sie die einzigen Spezialisten.

Trotz dieser wenig bekannten oder doch wenig bedachten Schwierigkeiten ist der Andrang zu den kritischen Spalten im kühn *Kultur* genannten Zeitungsteil besonders groß und beständig. Spitze Zungen beiderlei Geschlechts, falls auch nur bescheidenes Formulierungsvermögen vorliegt, in Mengen regen sie sich schon früh, um herbe zu tadeln oder sehr sparsam zu loben. Weit verbreitet ist in Feuerköpfen die Meinung, schon leidliches Deutsch zusammen mit ein klein wenig Bildung und einem Gran Geschmack reichten aus, gewichtig Kunstkritisches abzusondern.

Diese Meinung ist richtig. Kritik an Kunst von jeder Sorte und auch an Halbkunst ist allemal spezialisierte Liebhaberei. Wer ihr Jahrzehnte widmet, reift gelegentlich zum Fachmann heran; zählen sollte darauf niemand. Kritik ist stets Glückssache – auch dann, wenn sie vom Nestor der Branche stammt oder vom Hektor. Diente sie nicht in erster Linie – und das tut sie – der Unterhaltung des Publikums, sie wäre in den jede Woche vorgelegten Mengen kaum zu rechtfertigen, nicht einmal als nützliche Information.

Dreißig wurde ich in diesem Jahr und hatte doch keine Ahnung von so einfachen Dingen. Hätte ich eine gehabt, um keinen Preis hätte ich sie haben wollen: Bestiegen hatte ich ein weißes Pferd, frisch geschliffen baumelte an meiner Seite Excalibur, um zu streiten für das Gute, Richtige und Schöne, auch wenn es wenig einbringen sollte. Es brachte nicht übermäßig viel ein – jedoch, wenn ich nach mehr gierte, dann nach mehr Aufgaben, zum Beispiel Filmkritik. Theater auch, ja, doch im Parkett aller besseren Münchener Theater kochte für die *NZ* der Chef persönlich, Bruno Erich Werner. Kinokleinzeug wurde bald mir zuteil, das für die Münchener Ausgabe; auch schickte man mich dorthin, wo nun wieder Dichter am Pult standen und neues Werk zu Gehör brachten. Das war ganz heilsam für mich: Von Jugend auf war ich darin geübt, Schriftsteller nicht spontan zu verwechseln mit Kulturgütern.

Wenig Geld hatte ich damals in der Tasche, doch bei aller Mühe mit den Texten erschien das Honorar dafür mir zumeist ein wenig wie Sterntaler – so groß war die Verlockung: Zum ersten Mal kostete ich vom Vergnügen am halbwegs geglückten Stück Arbeit. Mehr als ein Jahrzehnt lang bin ich diese Naivität der ersten Stunde nicht losgeworden. Nach dem Abschied von der *NZ* haben das ein Feuilletonchef und ein Verlagsleiter ausgenutzt. Am Ende wurde es meiner Frau klar, daß große Zeitungen etwas anderes sind als arme Theater: Jene, weil sie mußten, zahlten miserabel; diese aber konnten doch wohl Angemessenes entrichten, immer noch bescheiden genug? Als solche Meinung in meinem Fall sich durchgesetzt hatte, gingen wir laut Wahlparole schon beinahe *Sicher in die Sechzigerjahre.*

Damals im Jahr 1949 aber wurden auf dem uns Deutschen noch belassenen Boden zwei Republiken gegründet. Die eine nannte sich *demokratisch* und war es nicht, die andere führte *Deutschland* im Namen und im Schilde und konnte das ganze nicht sein, ausgenommen im demokratischen Ausland, wo jeder Taxifahrer Kunden mit dem Ziel *Deutsche Botschaft* unweigerlich absetzte bei den Vertretern der Bundesrepublik. Wäre es damals bei uns jemandem in den Sinn gekommen, einzuladen zu einer Feier des Abschieds vom ersten Halbjahrhundert, er wäre von Absagen zugedeckt worden bis über seinen Scheitel. Aus vier bis fünf Jahrzehnten seiner jüngeren Vergangenheit ausgewandert oder ausgetrieben schien das Volk der Deutschen damals. Noch nie hatten die Bürger mit dermaßen zukunftsfreudiger Brutalität vorwiegend in der Gegenwart gelebt. Mehr Anlaß dafür als im Machtbereich der Sowjets war im freien Teil des Landes, der sogenannten *Trizone*: Hier schmeckte die Gegenwart nach Zukunft. Die Chance der schönen Schinderei wurde jeden Tag mehr Deutschen zuteil.

Gelegentlich war die Zukunft gar zu besichtigen, wurde aber selten gleich erkannt. Es war die Zeit, in der beispielsweise ein wackerer Verlagslektor namens Strauß mit Begleitung zu Besuch kam bei Autoren. Nach Hofmeister sah das aus mit Zögling, als ich dem Paar begegnete im Haus meiner Mutter. Der Zögling auf dieser Bildungsreise war ein eben aus russischer Gefangenschaft entlassener junger Herr Mohn; der war nun in das väterliche Verlagsgeschäft eingetreten zu Gütersloh und mußte natürlich auch mal die Leute sehen, die die Bücher schreiben. Ein ernstes Herrchen war er und in Loden verpackt und sagte kein einziges Wort. Meines Wissens hat er die Leute, die die Bücher schreiben, nie wieder gesehen; es war nicht nötig. Mehr gekümmert hat er sich um die Leute, die die Bücher haben wollen, und dabei ist etwas herausgekommen, das nennt man den größten Medienkonzern der Welt. Es muß etwas langweilig sein, den größten Medienkonzern der Welt zu lenken, denn was kann da noch kommen? Doch für einen ernsten jungen Mann in Loden und mittlerweile viele Jahrzehnte älter, da ist es vielleicht schön und aufregend für alle Zeit. Was Herr Mohn sich wohl so gedacht hat, wenn er dem Lektor zugehört hat im Gespräch mit dem Autor. Leute wie er saugen gewiß aus allem irgendwelchen Honig.

Leute wie ich hingegen waren mehr beschäftigt mit Nachholbedarfsdeckung in den Niederungen des Stadtteils Schwabing, der sich nun endlich folgerichtig entwickelte aus einem anämischen Künstlerviertel zu einem einzigen blühenden Künstlerlokal mit etwas Künstler als geräuschvollem Dekorationsstück. Ich könnte mich rühmen, dabei die Lampe gehalten zu haben in der *Seerose*, dem *Frühlingsgarten* oder dem *Klei-*

nen Bauern, aber wer hätte das nicht? Bald zeichnete dort sich eine holde Zukunft ab, in der etwa ein *Stern*-Reporter beschreiben würde, wie er vor einer mordverdächtigen Münchener Dame beste Manieren an den Tag gelegt hatte und gesprochen: Darf ich Sie zu einem Schwabing-Bummel einladen, gnä' Frau? – Als es so weit gekommen war, gingen wir alle schon längst nicht mehr hin und wandelten höchstens gelegentlich über die mehr seriöse Hamburger Reeperbahn.

Ich wüßte gern, wie weiland Gräfin Franziska R. sich wohl ausgedrückt hätte, wäre sie eingeladen worden zu einem *Schwabing-Bummel*.

Noch lieber wüßte ich, ob der Feuilletonchef B. E. W. tatsächlich niemand anderen gefunden hat in jenem Herbst, ob es ein Versehen war oder ob die Herren Friedrich und Werner eine pädagogische Absicht damit verfolgten, erstens durch schwierige Aufgabe und zweitens als Demonstration, wie jemand aussieht, der nicht da und dort herumpetert, sondern ein Meister ist in seinem Fach: Ohne Vorbereitung fand ich mich belehnt mit dem Auftrag, in den *Vier Jahreszeiten* interviewend willkommen zu heißen bei seiner Rückkehr aus den USA Herrn Alfred Polgar. Erfreut war ich und sehr erschrocken. Polgar war nicht nur eine Legende – das waren viele –, die Bücher seiner gesammelten Äußerungen waren für Leute wie mich Teil der geliebten Pflichtlektüre. Zum Respekt gesellte sich die Scheu vor dem Ausgetriebenen. Eben erst hatte ich mit angesehen, wie in der Bayerischen Akademie der Gast Thomas Mann die im Kreis versammelten Mitglieder musterte, wie er sie wog mit unbewegtem Gesicht während der Begrüßungsworte und sie ganz offenbar zu leicht befand. Zwar, vor Polgars Angesicht war man nicht gleich bei Hofe, aber das schien schließlich nur eine Nuance. Zudem, in der von mir gewählten Branche war er ein Fürst. Selten habe ich mir klargemacht, wie wenige Gedanken die Fürsten verschwenden auf das Fußvolk.

Er funkelte mich an, weißlockig und sehenswert, der donaumonarchisch-amerikanische Herr von einer Distinktion, wie sie nur dann und wann und allein in Berlin zu haben ist. Von erlesener Freundlichkeit war er, gab geduldig Auskunft, während Frau Polgar das Foyer belächelte der *Jahreszeiten,* und beide studierten dabei mich, nicht als Spezies *Presse-Fußvolk,* sondern als ein ihnen bequem erreichbares Exemplar des zeitgenössischen Deutschen, noch eben jugendlich. Es war eine scheinbar harmlose, zumeist angenehme Stunde. Der Meister bekam ziemlich genau den Artikel über sich, der ihm erwünscht war; elegant genug für einen Polgar ist er nicht gewesen. Was die Studien des Paars P. über den Besucher F. ergeben haben, erfuhr ich nie, denn am nicht allzu späten Abend jenes Tages endete unsere Beziehung.

Die Polgars hatten mich gefragt, wo man denn etwas mehr sehen könnte von den Jungen Deutschen dieser Tage, wie sie abends zusammensäßen und dergleichen. Ich hätte vorsichtig sein sollen mit meiner Antwort. Schließlich hatte ich mich während des Interviews erkundigt, ob es ihm Freude machte, wieder in Europa zu sein. Gar nicht federleicht, eher grimmig hatte er geantwortet: Fragen Sie mich in zwei Jahren.

Ich schlug ihnen vor, den *Kleinen Bauer* zu besuchen. Dort machte der Sohn des Archäologen Buschor zusammen mit zwei anderen Studenten ganz hübsche Musik, ab und zu ließ der freundliche Gebrauchslyriker Peter Paul Althaus anmutige Verse hören, auch ein Student namens Peter Hacks sagte gelegentlich etwas auf, noch ganz frei von Ideologie. Nicht eben ein kastalischer Quell sprudelte dort, doch das Bier war gut. Ich bat Herrn und Frau Polgar, nicht zuviel zu erwarten, denn sie wünschten, daß ich sie hinführte. Sie bekamen weit mehr als erwartet. Wir betraten die wie üblich überfüllte Wirtschaft und erblickten auf einem Tisch, was nie dort erblickt worden war: eine Dame im Unterrock, noch dazu schlecht gebaut und im Begriff, noch weniger anzuhaben, während sie lausige Verse kreischte. Einer ihrer Schuhe von der Größe Einundvierzig flog just in unsere Richtung.

Gewiß, jedermann war davon alles andere als amüsiert. Das war aber nichts gegen Herrn Polgars sehr gepflegtes und sehr deutliches Entsetzen: Spontan entfloh er, die Kurzlocken vor Ekel gesträubt; Frau Polgar und Herr F. wuselten hinter ihm her. In Kühle eingesiegelt thronte er beim Transport zu den *Jahreszeiten.* Frau Polgar machte gütig freundliche Geräusche, als ich zum zehnten Mal wahrheitsgemäß versicherte, dergleichen, zum Kuckuck, sei dort noch nie vorgekommen.

Kleinigkeiten wie diese können ein Bild von Land und Leuten bestimmen. Polgar glücklicherweise war für solchen Schnellschluß zu vernünftig und gedachte ohnehin, wenn überhaupt, größere Rechnungen zu begleichen. Die Frage des Umgangs mit ausgetriebenen Bürgern unseres Landes ist in vielen Fällen von diesen Bürgern selbst zufriedenstellend beantwortet worden. Selten haben nicht ausgetriebene Bürger um eine Antwort sich bemüht, die weiter ging als vom Amt erlassene Regeln, etwa hinein in den Bereich des Umgangs von Menschen miteinander. Das ist aus schlechtem Gewissen geschehen, während jedermann sich selbst versicherte, er persönlich habe sich nichts vorzuwerfen. Das hat dann aufs neue die Gewissen schlecht gemacht, an einigen Punkten bis ins dritte und vierte Glied. Schließlich, es war die Zeit der fast unbegrenzten Möglichkeiten – auch für Versäumen und Versagen. Das hat sich fortgeerbt und wird weiter sich forterben, ganz ähnlich wie Gesetze und Rechte.

Immerhin ein Berufsstand hat sehr ausgiebig diesen Tatsachen sich gewidmet, von Anfang an und bis in die jüngsten Tage. Die Frage nach Verantwortung und Schuld, seit Kriegsende das Generalthema der deutschen Schriftsteller, hat einige Zeit sich günstig auf die Literatur ausgewirkt und wesentlich länger beklemmend günstig auf das Selbstverständnis der Autoren: Wer dauernd die Nation an das erinnert, was sie gern vergäße, der kann am Ende kaum der eigenen hohen Meinung von sich selbst entgehen; als unentbehrlichen Schamanen sieht er sich und Präzeptor. Dies mit Anteilnahme zu erkennen, heißt nicht, bedeutende und notwendige Leistungen etwa eines Böll, eines Schnurre, eines Andersch oder Grass zu verkleinern. Jedoch, die Zuneigung zum Thema hat im Lauf der Jahrzehnte zur Herstellung von elfenbeinernen Thrönchen geführt; viele haben auf ihnen gern sich eingerichtet, als handele es sich um eine Lebenssitzung.

Lohnen würde es (wenn denn schon auf ewig Doktorarbeiten abgesondert werden müssen), die Anfänge der neuen deutschen Literatur im Lande mit den Anfängen einer neuen Presse zu vergleichen. Was Journalisten schon damals beitrugen zur Wahrheitsfindung des durchaus nicht immer geneigten Lesers, das war viel breiter gefächert, entstand aus Leidenschaft für Wirklichkeit und ist dabei, mit Verlaub, sehr häufig besser und bündiger formuliert gewesen. Gerade auf dem Gebiet der schlimmen Wahrheiten wurde es so attraktiv dem Leser angeboten, daß er ihm nicht entging. Die gute Geschichte, deren Qualitäten deutsche Autoren so oft mißtraut haben, wurde zu jener Zeit heimisch in der Presse und war selten zu finden im Buch. Das hat nach einem Jahrzehnt ein wenig sich ausgeglichen, nicht aber ausbalanciert.

Während der Zeit meiner bescheidenen Teilnahme sind zwei Männer die Chefs der *Neuen Zeitung* gewesen, deren einer aus Berlin war, der andere aus Augsburg, und beide sind aus New York gekommen. Hans Wallenberg, klein und breit gewachsener Sohn eines Chefredakteurs der *BZ am Mittag*, erwies nach dem Krieg an seinem Geburtsort sich als berlinischer denn mancher Berliner: ein witziger Mann von bedrohlich behendem Geist, ganz Bonhomme rund um einen harten Kern. Während er die Berliner Ausgabe des Blatts edierte, schrieb er vor den ersten Wahlen einen Leitartikel, der vom sowjetischen Druck auf den freien Teil der Stadt handelte: das erste klassische Dokument der neuen freien Presse, nicht allein wegen seiner Überschrift *Fürchtet euch nicht*.

Wallenbergs Stellvertreter Ernst Cramer, lang und gepflegt, mager, wirkte damals *amerikanischer* als der rundliche Boß; nie hat er sich gescheut, kristallklar und laut auszusprechen, was heillos gesunder Menschenverstand ihm eingab. Er liebt unterkühlte Arbeitsplätze, liest zu mehr als unsozialer Stunde an unmöglichen Orten die just eingetroffene Auslandspresse und verabscheut unnützes oder blumiges Gerede. Noch heute redigiert er in Antworten so lieblos wie treffsicher zweckloses Rankwerk aus Briefen heraus, die ich ihm gelegentlich schreibe.

Nahe Verwandte dieser Männer sind ermordet worden von den Nazis. Beide sind später endgültig in das Land ihrer Geburt zurückgekehrt. Herren der Presse sind sie geblieben und haben vielerlei bewirkt, erneuert, verändert. Ich zähle mich dankbar zu den Leuten, die von ihnen eine Menge gelernt haben und deren Leben durch sie rundherum interessanter wurde, gelegentlich auch viel anstrengender als geplant.

Das Blatt hat gelebt bis zum Jahr 1954. Seine Existenz war nicht abhängig von spirituellem oder wirtschaftlichem Erfolg, sondern von einem Ministerium in Washington. Dort war man längere Zeit nicht kleinlich, zumal das angestrebte Ziel einer Einwirkung auf die deutschen Eingeborenen offenbar erreicht wurde, wenn auch nur unter anderem. Das Ansehen der *NZ* ist stets größer gewesen als das der von britischen Offizieren beaufsichtigten *Welt*, und dafür hatte man Sinn in

Washington. Jedoch, *DIE WELT* wurde am Ende einem deutschen Verleger verkauft, die *NZ* erst weniger aufwendig unterstützt und am Ende eingestellt. Ein Ministerium eignet sich nicht als Zeitungsbetreuer, und Beamte sind besonders gern zu Eingriffen bereit, wenn sie sich ihrer Ahnungslosigkeit bewußt werden. Häufig ist in die Redaktion hineinregiert worden, und das ist ihr nicht bekommen; es bleibt erstaunlich, wie wenig der Leser davon bemerkt hat. Die *NZ* muß dem *State Departement* so unheimlich gewesen sein wie einem Mammut das kleine, doch edle Araberroß, das wider alle Naturgesetze geboren worden ist vom Mammut. Schließlich, geplant war ein Nachrichten-, Erziehungs- und Propaganda-Unternehmen, und herausgekommen ist schon bald nach der Gründung – und so fortan – eine amerikanisch-deutsche Institution von Rang.

Diese Institution hatte allerdings eine von den Geldgebern mitgegebene Schwäche, die ihre Lebenszeit auf jeden Fall begrenzen mußte: Eine Zeitung ohne Anzeigen und ganz entblößt von ordinären kommerziellen Absichten ist in der freien Welt nicht unbegrenzt lebensfähig. Sie verletzt allgemein anerkannte Spielregeln. Originaler Existenzgrund für ein täglich erscheinendes Blatt ist stets die Nachricht. Zu Nachrichten gehört unweigerlich jene Sorte von Mitteilung, für deren Verbreitung bezahlt werden muß. Die *NZ* ist deswegen auch manchen ihrer Redakteure stets ein klein wenig unheimlich gewesen. Sie hatte durchweg sehr gute Redakteure, die zumeist ausgezeichnete Arbeiten von vorzüglichen Journalisten oder Publizisten (nein, ich weiß auch nicht, was der Unterschied ist) drucken konnten: eine Union der Qualität in einer Ausnahmesituation. Dergleichen währt niemals ewig – zumal anderswo und auch in München eine recht gute Presse heranwuchs und nicht nur Leser verlockte, sondern auch Zeitungsmacher.

Die *NZ* hatte ihre Zeit und hatte das Recht darauf, Legende zu werden. Sie war das schönste und nützlichste Glasperlenspiel, das jemals ausgetragen worden ist auf deutschem Zeitungspapier. Gleichwohl wird sie nicht länger existieren als Leser, die sich an sie erinnern. Wenn eine Zeitung Dokument geworden ist, fehlt ihr die Dimension des Tages, an dem sie erschien. Es riecht nicht mehr nach Leben.

Ach, sie ist schon sehr gut gewesen. Aber jede Zeitung oder Zeitschrift ist nur so gut wie ihre Ausgabe von morgen früh – oder, im Fall verschwundener Blätter von ausgezeichnetem Ruf, so gut wie ein vernünftig edierter Auswahlband. Niemand hat bisher den Mumm gehabt, einen aus der *NZ* vorzulegen.

Gruppen-Skizzen mit Damen

Ich weiß es, Freunde, daß ihr emsig wart.
Die Wölfe habt ihr verteidigt,
den Großen Bären habt ihr angerufen
und auch sonst keine unnütze Mühe gescheut . . .

An einem Oktobermorgen des Jahres 1961 habe ich im Jugendherbergs-Jagdschloß Göhrde vor einer noch verschlafenen Versammlung von Freunden und Feinden gesessen und ein Gedicht vorgelesen in fünf Teilen, genannt *Versuch einer Flurbereinigung*. Nicht von mir war das Gedicht, sondern von einem toten Mann, der Hans Georg Brenner hieß. In diesem Kreis war er ein Gefährte gewesen der ersten Stunde; auch verdankte die *Gruppe 47* ihm ihren Namen. Gestorben war er zwei Monate vor dieser Tagung in Hamburg. Ob er es selbst vorgelesen hätte, dieses Gedicht vom argen Zustand der Welt und von der vielen und vielfältigen heißen Luft, die zeitgenössische Poeten gen Himmel blasen – sicher ist das nicht. Nun aber war seine Beschwörung ein Vermächtnis, was heißt Teil eines Gedenkakts vor dem Beginn der Arbeitstagung von etwa siebzig geladenen Autoren samt einigen ihrer Damen und auch Frau Brenner.

Deswegen hat jedermann manierlich dagesessen, und wohl kaum einer hat zugehört der rationalen Philippika (*Oh, Weh über die Gartenzwerge, die bei solchen Posaunenstößen zerspringen!*), die am Ende mündete in diese Anrufung:

Ich bitte euch, und sag' es selber mir:
habt Einsicht, helft den so Bejammernswerten –
den Rauschbedürftigen, die man ernüchtern muß,
den Nüchternen, die nur begeistert werden wollen,
den Mächtigen, die nichts mehr von den Menschen
wissen,
den Wehrlosen, die sich nach Stärke sehnen,
den Reichen, die ihr Grab verschachert haben,
den Armen, die nur etwas Achtung brauchen,
um ihrer Armut selbst sich zu entledigen.
Mit diesen allen, bitt' ich, habt ein Einsehn!
Helft!
Ja – meine Bitte, die längst Unmut ist
und Abscheu und Ekel, Überdruß und Zorn . . .
sie wendet fordernd sich an alle!

Der Morgen war so frisch und blank, tief im halb noch grünen, halb bunten Wald. Als erster las Helmut Heißenbüttel. Kein Mensch hat ein Wort verschwendet oder einen Gedanken auf Brenners Gedicht oder gar seinen Inhalt. Autor und Text waren nicht mehr Gegenstand der Kritik.

Was damals jeder Berichterstatter seinen Lesern gesagt hat: Mitglieder hatte die Gruppe 47 nicht, und ihre Existenz beschränkte sich stets auf die drei Tage des Treffens, zu denen Hans Werner Richter Autoren einlud, die er vielleicht beim nächsten Mal nicht einladen würde. Die Legende will, daß er das ausschließlich auf Postkarten tat; er schrieb aber auch werbende Briefe, wie etwa an Ernst Kreuder. Alle Chronisten betonen auch, daß Richter stets allein über Einladungen entschied. Wer jemals Frau Richter begegnet ist, wird Schwierigkeiten haben mit seinem Respekt vor dieser Legende. Jedoch, Richters freundliche und unvergleichlich sanfte väterliche Autorität haben ihn so geeignet gemacht als Mentor der *Gruppe*, wie er es als Gründer gewesen ist. Darüber besteht Einigkeit.

Die Arbeitstagungen liefen ab nach dem Muster, das 1947 sich gefunden hatte, als die Mitarbeiter einer geplanten Zeitschrift mit dem Herausgeber Richter zusammengekommen waren, einander ihre Texte vorgelesen haben und einer den anderen sehr deutlich kritisiert hat. Von Verlegern, Rundfunkanstalten und Zeitungen wurde mit der Zeit den Sitzungen mehr Aufmerksamkeit zuteil, als ihnen bekommen ist und den Teilnehmern. Mit der Zusammenkunft im Jagdschloß Göhrde und im abgespeckten Kreis hatte Richter einen nicht durchweg geglückten Versuch gemacht, den wuchernden Troß der Verleger und Rundfunkleute endgültig zu vermindern.

Ein zärtlicher Frühling war das 1951. Eben hatte ich geheiratet, mein erstes Hörspiel war angenommen worden, *Westermanns Monatshefte* hatten begonnen mit dem Vorabdruck meines ersten Romans. Sehr wenig Geld hatten wir, und auch noch keine Wohnung. Jedoch, Herr Richter hatte eine Einladung geschickt zu einer

Tagung in Bad Dürkheim. Auch Lebensgefährtinnen waren dort willkommen: reichlich revolutionäre Lässigkeit in einem Kulturleben, das zwar weibliche Schriftsteller ächzend duldet, Frauen von Autoren aber erst dann zur Kenntnis nimmt, wenn sie als Witwen hinderlich sitzen auf wichtigen Nachlässen. Bei vielen Gemahlinnen mag das ganz vernünftig sein; bei meiner Frau und noch zwei anderen wäre es leichtfertig abwegig.

Wilde Leute sollten das ja sein bei dieser *Gruppe 47*. Mir war nicht klar, daß es um die gleichen Autoren sich handelte, deren Äußerungen im *Ruf* ich so gern und aufgeregt zur Kenntnis genommen hatte. Von Herrn Richter sagte mir Herr Knaus, er kultiviere seit seiner Gefangenschaft in den USA einen amerikanischen Akzent: Wenig vertrauenerweckend schien das – und es traf nicht zu. Herr Knaus mit einem beschränkt süddeutschen Gehörgang hatte Richters gut abgeschliffenen pommerschen Zungenschlag mißdeutet. Wir erkannten das, als wir Bad Dürkheim gefunden hatten und das Haus der Tagung und darin Herrn Richter. Das Gespräch mit ihm war kurz; mit vielen anderen, die er auch nicht kannte, hatte er zu reden an diesem Nachmittag, mit einer Wienerin etwa namens Aichinger, mit einem Rheinländer namens Böll, mit einem Gentleman, der Hildesheimer hieß, mit einem deutsch schreibenden Serben namens Dor.

Dieser Richter ist gar nicht wild, sagte Ursula. Wir hatten unser Zimmer bekommen, packten aus, wuschen uns ein bißchen. Weil Frauen immer länger brauchen, ging ich im Garten spazieren. Schon im Mai lockt das Dürkheimer Klima Rosen aus den Knospen.

An ersten Blüten, Stück bei Stück, roch ein einsamer Mann: ein Lyriker, sagte ich mir, zumal er nicht aussah wie ein Dichter, sondern wie ein abgehärtetes Weltkind, mithin so, wie die meisten Dichter aussehen. Freundlich grüßten wir einander und machten uns bekannt. Mir war so, als sagte er, sein Name sei Wunderwald. Ein etwas unglücklich gewähltes Pseudonym schien da nicht ausgeschlossen, aber Liederwald hieß Ursula mit Mädchennamen und war dem gleichen Verdacht ausgesetzt gewesen.

Werden Sie vorlesen? fragte ich.

Vorlesen? sagte er erschrocken. – Aber nein. Doch nicht ich.

Meine Courage war mit meiner Frage verbraucht. Daß Herr W., oder wie immer er hieß, nicht vorlesen würde, so etwas hatte man natürlich zu wissen. Für einen Verlagsbuchhändler, gedruckten Autor und Zeitungsmann war ich noch reichlich schüchtern. Das legte sich bald: Als ungemein zivilisiert erwiesen sich die wilden Leute. Kurt Heuser und Günter Eich nahmen unserer sich an, kaum daß wir vor dem Abendessen den Pernod-Trinkern uns nahten – französisch betreut war dieses *Haus der Begegnungen*. Recht glücklich waren wir an jenem Abend, auch Ursula, obwohl eine sehr belesene Mutter ihr scheuen Respekt anerzogen hatte vor Autoren. Den Mann, der nicht vorlesen würde (Herrn W.?), habe ich während der Tagung nur noch ein paarmal von weitem zu sehen geglaubt. In keiner der gedruckten Listen von Autoren, Kritikern und Gästen ist später sein Name zu finden gewesen. Auch als bescheidener Freund der Literatur hätte er es verdient, er-

wähnt zu werden, selbst wenn er wirklich Wunderwald
sich nannte, erwähnt wie Augstein, Bahlsen oder
Bloch.

Den *Preis der Gruppe 47*, verliehen in geheimer Ab-
stimmung der Anwesenden, hat als erster 1950 Günter
Eich bekommen. Wie jeder Lorbeer, der alljährlich ein
neues Haupt benötigt, geriet er nach ein paar Jahren
gleich zweimal an nicht ganz erstklassige Adressen.
Ausreichend beunruhigt wurde Richter davon, um nur
noch alle paar Jahre ohne Vorwarnung eine Abstim-
mung anzukündigen. Das hat 1958 sich bezahlt gemacht bei den starken Genüssen im *Adler* zu Großholzleute. Als Vorspiel warnte dort die alte Mutter des
Wirts durstige Gäste vor Gefahren: Nicht mehr als ein
Glas, sonst wird Ihnen schlecht! – Die Rede war von
der vor Ort gemolkenen Milch. Gegen Ende der Tagung schlug passend dazu der Lyriker Grass mit epi-
schem Bizeps einem arglosen Auditorium sämtliche
Röcke von Oskars Großmutter um die Ohren. Mit
dem Votum dafür hat der Preis das Niveau zurückbe-
kommen, auf dem er zuletzt gesehen worden war in
den zögernden Händen der Ingeborg Bachmann.
1951 mit dem Preis nach Eich reagierten die Zuhörer erst nach einer Stichwahl dankbar darauf, daß sie
sich allesamt hinterhältig amüsiert hatten wie Bolle.
Gleichwohl ging der Preis an den richtigen Mann, der
wacker gelesen hatte und vor sich hin geschwitzt. Mancher wollte später behaupten, er habe eine Löwen-
pranke satirisch streicheln gespürt – doch es war wohl
eher ein Dank für die mäßig borstige, dabei elegante

Heiterkeit des Stücks, dargeboten in einer Zeit durchweg ernsthafter, oft auch noch traurig eingestimmter Prosa. Später einmal, in seinem Arbeitswinkel auf einem Kölner Dachboden, habe ich Böll gefragt, ob er damals auch eine mehr bedrückende Geschichte im Gepäck gehabt habe: für alle Fälle und nach Marktprüfung. Mit den Nüstern hat er gelächelt und über Irland gesprochen. *Die schwarzen Schafe* hieß der Text. Niemand hat damals gemerkt, daß es die erste herbe Kritik war nicht wie üblich an der jüngsten Vergangenheit, sondern an der jüngsten Gegenwart.

Nur knapp in die Wände paßte auch in Dürkheim die Versammlung auf nicht besonders bequemen Stühlen. Zwei Sessel waren ihr zugewandt, einer für Herrn Richter, der andere für den Vorleser, der darin auch verharrte als schweigendes Opfer der Kritik. Ein Arbeitsplan mit Lesungen vormittags, nachmittags und nach dem Abendessen: Weiß der Himmel, warum die Leute so gierig gewesen sind auf solche Schinderei, Modell 47, und für Vorleser noch angereichert mit starken Gemütsbewegungen: An meine Angst erinnere ich mich, an deftige Einwände und an einige Schulterklapse. Mit mehr Kontur hängengeblieben sind im Gedächtnis Fräulein Aichingers verflixte Geschichte vom *Gefesselten*, Herrn Schnabels Kostproben der ganzen Welt, soweit in Flugplatznähe, Milo Dors Zugriff nach prallem Leben und nach prallem Tod. Milo gehört zu dem kleinen Orden derer, die den Preis beinahe bekommen haben.

Das nächtliche Fest nach der Arbeit hatte in Dürkheim (und hatte stets, wenn es gut war) den Charakter eines überdimensionierten Kinderfests mit Alkohol. Nicht erst sein Zauber hat uns wünschen lassen, man möchte uns doch bitte wieder einladen. Schon zuvor waren wir einer Verführung erlegen, die gar nicht beabsichtigt war, dem Charme nicht anders als den kleinen Giftpfeilen, der privaten Freundlichkeit – und auch der öffentlichen Spannung, wenn wieder einer den brennenden Reifen sich selbst hinhielt und es dann noch fertig brachte, hindurch zu springen. Zirkusluft, ein Rüchlein davon, war da immer zu spüren, doch auch Vagantisches aus anderem Stoff. Eine Postkarte fiel mir ein von denen, die ich als Kind gesammelt hatte. Jünglinge saßen auf dem Bild unter Bäumen und genossen einen Ausblick wie etwa auf der Saale hellen Strand. Darunter stand gedruckt *Wem der Jugend Ideale noch das Leben nicht geraubt.* Nun ja, das traf es vielleicht nicht ganz, aber es kam der Sache doch nahe.

Am besten ist die mobile Dreitages-Metropole der *Gruppe* stets dort aufgehoben gewesen, wo attraktive Provinz sie umgeben hat und vorübergehend eingesiegelt. Ambiente war wichtig, Charme einer scheinbaren oder gar wirklichen Askese und das Gefühl gesicherter Einsamkeit: selig, wer sich vor der Welt ohne Haß verschließt – drei Tage lang ist das nicht nur erträglich, sondern angenehm, wenn auch weiß der Himmel nur sehr selten jemand einen Freund am Busen hielt und mit ihm genoß. Gasthäuser auf dem Lande also, vorübergehend unbenutzte Internatsschulen, auch angestaubte Burgen mit Unterkunft: In solcher Umgebung (nach Möglichkeit auch schwer zu erreichen) waren Zusammenkünfte angenehm und ergiebig. In Berlin: ein schlichtes Tagungsheim am Stadtrand. In Saulgau fast ohne Askese und mit guter Küche: Das Hotel war für andere Gäste geschlossen und mithin doch so etwas wie einsam gelegen. Hinter dem kleinen Metropolen-effekt, den als Treffpunkt die *Gruppe* den Autoren an-bot, ragte eine andere Attraktion als weit stärkere Ver-lockung: das Kurzzeit-Kloster, stets freilich mit den zarten Düften von *Wilde-Gesellen-vom-Sturmwind-durchweht* und *Uns-geht-die-Sonne-nicht-unter.*

Klausur ohne konkurrierende Reize und sich selbst genug auch in der kargen Tagungsfreizeit: Wo das fehl-te, wie bei den Zusammenkünften in Mainz oder Aschaffenburg, da fehlte dann noch wesentlich mehr, und das Ganze schmeckte schon beinahe so fade wie ein Auftrieb des PEN-Clubs. Das Treffen in Cap Cir-ceo am Mittelmeer nahm sich aus wie ein knapp noch literarisches Vortrüppchen des Massentourismus, ob-wohl der Lieblingskellner Dante hieß mit Vornamen, und Herbert Eisenreich an manchem fremden Chianti partizipierte mit dem Schlüsselwort *I brauch' ja nix.* Daß niemand gern zurückdenkt an die Selbstausstel-lung in der Universität Princeton, liegt auch in mei-nem Fall nicht daran, daß ich dort durchgefallen bin.

Dabei ist bei jedem Treffen jedermann recht fleißig gewesen. Schon Zuhören ist harte Arbeit, und wer gar noch eigene Texte vorliest oder auch sich kritisch be-müht, wer bei alledem seine Feinde richtig behandelt und auch den oder jenen Verleger, der hat von morgens bis abends genug zu tun, selbst wenn er nichts im Sinn

hat mit politischen Resolutionen am Rand des Treffens. Der hat am Schluß ein internes Fest verdient und
manchmal auch noch anderen Jux wie die üppige Ex-
travaganza in der großen Rathaushalle zu Stockholm
oder die Kür in einer Berliner Buchhandlung, wo ah-
nungslose Kinder selbst von mir ein Autogramm haben
wollten; Reich-Ranicki habe ich sie auf den Hals geschickt. Niemand aber hätte dergleichen konsumiert,
wäre es nicht vorher verdient worden mit Tagungsmü-
he. Wenn schon nicht weltliches Kloster – ist die *Gruppe* so etwas gewesen wie ein leidlich exklusives Internat,
dessen Zöglinge ihre sanfte Arroganz nicht unge-
schickt kaschieren und mit noch sanfterem Masochis-
mus einer selbstgemachten Disziplin sich fügen?

Vermutlich ist sie stets ein klein wenig gewesen von
allem, mit dem versucht wird, diese flüchtigen Zusammenkünfte von Individualisten zu definieren. Die
Gruppe hat nicht in ihre Zeit gepaßt. Das war ein gutes
Stück ihres Werts und nicht zuletzt ihres Seltenheits-
werts. Aber in welche Zeit hätte sie gepaßt?

In Dürkheim hatte Ursula sich zu erwehren (mit
Erfolg) der Zudringlichkeiten eines intellektuellen
Exemplars aus begütertem Grunewald-Haushalt; die
Kinder dort wachsen häufig auf mit kleinbürgerlichen
Vorstellungen vom *Künstlervölkchen* und vertragen als
Erwachsene wenig Alkohol. Das ist uns im Gedächtnis
geblieben, weil es so außerordentlich selten vorkam:
Natürlicher Anstand ist unter Autoren weiter verbrei-
tet als in den meisten anderen Berufsgruppen. Das ver-
krustet nicht die beiden Geschlechtern eingeborenen

Bosheitspartikel, und ich denke verlegen der Fest-
nacht, in der meine liebe Frau dem Autor Grass mitteilte, im Lift erwarte ihn jemand. Grass betrat den
Lift, Frau F. drückte auf den Außenknopf und die Türen schlossen sich. – Sie Hexe! sprach der berühmte
Mann, als er erschöpft nach einiger Zeit wieder erschien. Im Lift hatte er Frau Robert Jungk vorgefun-
den, deren Konversation von jedermann und insbesondere von bedeutenden Männern gefürchtet wird. Sie
war aber nur an jenem Abend zu Gast.

Einer von zehn Autoren in der *Gruppe* war weiblichen Geschlechts. Nur eine von ihnen hat Kritik vom
üblichen Härtegrad nicht hinnehmen wollen: Luise
Rinser vermißte zwar nicht Galanterie, hielt sich aber
für schon zu berühmt. Nur einer Autorin ist jemals ein
bescheidenes Sonderrecht eingeräumt worden, und
dies allein, damit man sie verstehe: Ingeborg Bachmann las beim ersten Mal zwar selbst, doch für die
Ohren der Anwesenden las Wolfgang Weyrauch dann
alles noch einmal. Trefflich zu verstehen waren die anderen, Aichinger wie ein deutliches Rauschen im Do-
nauschilf, sachlich und laut Frau Elsner, düster thro-
nend wie von Stuck entworfen nach einer schlaflosen
Nacht. Frau Rasp sah mehr nach Ufa aus, Frau Reh-
mann wie die tüchtige Dame von nebenan, und von
Frau Wohmann hätte auf den ersten Blick niemand gedacht, wie ausgezeichnet ihre Prosa sich entwickeln
wird. Die Abwesenheit dieser Autoren hätte eine sehr
ärgerliche Lücke gerissen, die niemand bemerkte,
denn glücklicherweise waren sie nicht abwesend.

Ein Gleiches gilt aber auch für der Autoren Frauen,

Gattinnen, Gemahlinnen. Exemplare waren vorhanden von allen drei Sorten. Ungern gesehen wurden nur Gefährtinnen, nicht aus Gründen der Moral, sondern weil sie so oft ein Element der Unruhe sind, gar der Hochspannung: Das stört bei der Arbeit. War auch um die Münder der Angetrauten da und dort ein Ausdruck von Kummer zu bemerken oder von Sorge, das schien begreiflich: Der Mann fast immer im Haus, kümmert sich aber wenig um die Frau, ist selten zufrieden mit der Arbeit, die er tut, will sie aber nicht aufgeben, führt oft große Reden, hält sich für unfehlbar (ein Berufsleiden) und kann selten genau sagen, wann wieder Geld kommen wird. Jedoch, dieser Ausdruck, noch frisch am Donnerstag, hatte zumeist am Freitag morgen des Treffens bereits sich verwischt. (Die Damen der Herren vom kritischen Orchester übrigens hatten einen Ausdruck solcher Art niemals: Diese Herren waren durchweg auf irgendeine Art fest angestellt und arbeiteten häufig auch außer Haus.)

Die zwanglos natürliche Anwesenheit der Hausehren (Psalm 68, 13: *Die Hausehre teilt den Raub aus*) ist in aller Stille revolutionär gewesen; bei keinem Sängerwettstreit der abgelaufenen Jahrtausende ist so etwas erlaubt gewesen. Die nicht schreibenden, gleichwohl beteiligten Damen auf den Treffen sind dem sachlichen Professionalismus des Unternehmens niemals gefährlich geworden. In schwierigen Augenblicken haben sie das Klima angenehmer werden lassen, die Äußerungen menschlicher: Gesunder Verstand war in ihrem Bereich auch dann zu finden, wenn die Damen und Herren Dichter sich festgefahren hatten. Daß im kritischen Orchester nicht eine Frau regelmäßig mitgetönt hat, sollte nachdenklich machen in beiden Richtungen; es ist aber nie jemandem aufgefallen. Bemerkt hat mit kultiviertem Schaudern manch ein Betrachter außerhalb der *Gruppe*, daß anwesende Gesponse von Autoren Stimmrecht hatten, wenn es um den Preis ging. Das ist dem Preis bekommen. Ist es Zufall gewesen, daß er in das schon erwähnte Wackeln kam während der kurzen Zeit, in der anwesende Gesponse keine Stimme hatten? Andererseits weiß natürlich niemand, ob ohne ihre Voten 1962 statt Johannes Bobrowski nicht Peter Weiss gekürt worden wäre: Wortwörtlich die Trommel hat er damals in Berlin geschlagen, als er vorlas vom Mord an Marat.

Ungern würde ich da vieles missen in meiner Erinnerung, nicht den tüchtigen Verstand der begabten Gunilla Weiss, nicht die gescheite Vernunft der Frau Böll, auch nicht den schweizerischen Hochmut der ersten Frau Grass und schon gar nicht der Dame und trefflichen Malerin Silvia Hildesheimer anmutige Freundlichkeit. Frau Reich-Ranicki würde mir fehlen, fehlte sie mir, die alles beobachtete und selten sprach. Frau Schallück, Frau Schroers, Mönnichs Modeste, die still sich amüsierten oder sorgten. Auch der Ehrgeiz der Frau Jens hat blasse Farbe hinterlassen, und dann war da natürlich Antonie Richter, unermüdlich tätig für das zweckmäßig Opportune.

Endlich, Ursula hat ein Foto gemacht vor dem Tagungshaus in Niendorf an der Ostsee. Herr Richter ist darauf abgebildet, aber auch zwei Personen sind zu sehen, die nichts bemerkten von der Kamera: Sie waren just dabei, ausschließlich einander zu bemerken. Von diesem glücklichen Augenblick an begann die Autorin Ilse Aichinger sich auch noch den Status zuzulegen eines Autorengesponses, Frau Eich. Wir sind ihr zugetan in beiden Eigenschaften.

Als Paul Celan, der Heimatlose deutscher Zunge, 1952 im Sessel neben Richter sich niederließ und Gedichte vorlas, unter ihnen die *Todesfuge*, da fand er Zustimmung und auch gleich einen deutschen Verleger. Jedoch, diese Zustimmung war nahezu wortlos. Jahrzehnte später hat Richter notiert, des Lesenden Pathos habe ihm mißfallen. Gewiß, dergleichen Modulation aus innerer Bewegung war aus der Mode gekommen beim unterkühlten Nachwuchs in Deutschland – doch nicht in Czernowitz, wo Celan herkam, und auch nicht in Paris, wo er lebte. In aller Kürze äußerte man sich anerkennend, doch aus Verblüffung dermaßen knapp bei der Begründung, daß es an Unhöflichkeit grenzte. Jedermann versagte das Wort in dem dunklen Gefühl, dies sei nicht *einer von uns*, obwohl er doch einer war, auf dessen Seite jedermann sich schlug: ein Mann aus dem Ghetto, dessen Eltern verschwunden waren im Vernichtungslager; ein Flüchtling, von den Deutschen gejagt; ein Mann aus dem Arbeitslager. Nun saß da ein Poet im Gewand des alten Europa mit Strophen, deren Ton hier niemandem vertraut war:

Schimmelgrün ist das Haus des Vergessens.
Von jedem der wehenden Tore
blaut dein enthaupteter Spielmann . . .

Was die Zuhörer so wortkarg gemacht hat, nicht des

Vorlesers Pathos ist es gewesen; es war die Qualität einer für sie fremdartigen Lyrik, ein ganz neues Lied, doch gewachsen aus Traditionen, die zwei Jahrzehnte zuvor noch jedermann vertraut waren und nun offenbar so gut wie unbekannt. Dergleichen erschreckt immer.

Gewiß, Celan gab sich nicht eben kontaktfroh und simpel, er war es nun einmal nicht, eingekapselt schien er und unablässig auf Reisen im Geist. Ich habe ihn später anders gekannt und dies in den Jahren vor seinem Tod, da er Verszeilen schon setzte wie Chiffren und Signale, halb erschöpft großen Geheimnissen auf der Spur. In Niendorf 1952 geschah, was vorher nicht war und nachher sich nicht wiederholt hat: Da war ein Autor für sich und ihm gegenüber die Autoren, die just *die Gruppe* ausmachten, und man schätzte einander und wußte doch nicht einmal sich selbst etwas zu sagen. Der eine und die anderen, sie sind einander nicht gewachsen gewesen.

Zwei Jahrzehnte lang sind stattliche Mengen von frischen Texten umgeschlagen worden in diesem kleinen Kreis – jeder eine exemplarische Leistung auch dann, wenn allein der Urheber ihn nicht mißraten fand. Einem guten Autor kann sehr wohl geschehen, wogegen ein guter Tischler gefeit ist: daß er ein schlechtes Stück Arbeit liefert und es für gelungen hält. Dem Selbstgefühl eines schlechten Autors sind ohnehin selten Grenzen gesetzt. Beteiligt zu sein an diesen öffentlichen Augenblicken der Wahrheit (nun gut: oder der Scheinwahrheit), noch dazu mit dem Autor als Barden wie vor der Erfindung des Buchdrucks, und überdies auch noch anwesend zu sein bei einem einigermaßen exklusiven Ereignis: Das ist Futter gewesen für jedermanns Ego. Nur Dichterpreise konnten dann und wann schöner sein. Ich war sehr gern beteiligt auf diese Art. Ich nehme an, jedermann ist das so gegangen – aber möglicherweise gilt so etwas nur für kleine Leute? Sind vielleicht bedeutende Autoren überhaupt nicht wie du und ich? Man sollte darüber gewiß einen Fachmann befragen, den Ehrenpräsidenten des PEN-Clubs oder dergleichen.

In einer Beziehung sind aber Schriftsteller wie jedermann sonst auch: Aus nie geklärten Gründen macht es ihnen Spaß, sich Schriftsteller aus der Nähe zu besehen. Schon im achtzehnten Jahrhundert hat es als erlesene Beschäftigung gegolten und als bereichernd, zu Autoren zu wallfahren, ob man nun selbst Autor war oder vornehmer Leser. Dabei, Bankdirektoren sind häufig amüsanter als erstklassige Romanciers, und wenigen Leuten fällt es ein, zu großen Malern zu wallfahren oder bedeutenden Tonsetzern. Der Autor in Person sondert mündlich bestenfalls Hörenswertes ab, wenn er sich anstrengen muß für ein Interview – jedoch, einige bekannte Leistung vorausgesetzt, als besonders besichtigungswert gilt er allemal den Gebildeten und Halbgebildeten; ein Star ist er für jedermann, der den Starkult verachtet: Zu diesem Teil der Bevölkerung gehören ohne Zweifel die Autoren.

Die *Gruppe* in ihren immerhin ziemlich ausgedehnten besten Jahren hat etwas angeboten, das interessanter ist als der bescheidene und immer wieder zitierte

Metropolen-Effekt. Hier waren nicht allein etwa drei Viertel der interessanten Autoren deutscher Zunge anzutreffen, sondern auch Stücke ihrer Arbeit, Zeugnisse von Entwicklungen, und selbst bei Überfüllung konnten Teilnehmer durchaus sich noch als *erlesen* betrachten. In Deutschland ist diese Kombination für Autoren und Kritiker nicht minder verlockend, als sie es für Leser wäre. Leser aber, und das machte das Unternehmen noch attraktiver, wurden nur in kostbaren Einzelstücken hereingelassen, Herr Henze etwa, Herr Wunderwald, Herr Flora. Verleger und Hörspielchefs allerdings galten nicht als Leser; sie durften, mit Auswahl; auch Feuilletonchefs kamen vor.

Hörenswerte Soli haben nach jeder Lesung jene Kritiker geliefert, die im Mündlichen wie im Schriftlichen hauptsächlich Kritiker gewesen sind; fast ganz hatten sie ausgemerzt die Schlachten der Urzeit, als Autor kritisierte den Autor und sodann Autor-Kritiker wider Autor-Kritiker ausholte. Es mochte ja eleganter sein mit den Herren Fachleuten, aber die Urform hat mehr Spaß gemacht – und wenn sie selten einmal wiederkehrte, hat jedermann mit Genuß sich aufgeregt. Das mag daran liegen, daß Autoren niemals wie Kritiker Fachleute sind, sondern eben Autoren. Wer immer da kritisierte, eines blieb stets unverändert: So mancher Autor beschluchzte böses Votum im Kämmerlein, doch kaum einer hat mit der Tat sich geschert um das, was ihm da mitgeteilt worden war. Sehr wenige Texte sind nach den mündlichen Hinweisen abgeändert worden in auch nur einem Tüttelchen. Eben deswegen kam in beschreibenden Artikeln immer wieder jener junge Mann vor, der nach einer harten Kritik vom Schreiben ließ und lieber Zahnarzt wurde; er kommt so häufig vor wie die Kommentare zu Enzensbergers dramatischem Versuch, die den Autor veranlaßten, fortan sich nicht mehr zu versuchen an Bühnentexten. Die Beliebtheit dieser Beispiele hat ihren Grund: Andere Exempel sind nicht bekanntgeworden. Es mag noch ein paar geben, aber viele verbesserte oder auch nur veränderte Texte hat die Literatur deutscher Zunge den kritischen Anmerkungen der *Gruppe* nicht zu danken. Wenn jemand etwas gelernt haben sollte aus dem reichlich gespendeten kritischen Zuspruch: Beinahe nie ist es der betroffene Autor gewesen, doch war es gewiß für andere sehr aufschlußreich.

Außerdem, und nur ganz nebenbei: Sittlicher Ernst verhindert es zumeist, den Unterhaltungswert von Kritik anzuerkennen.

Die sich aufgemacht haben, einer Einladung zu folgen zu einer Tagung, sind gewöhnlich recht vergnügt gewesen. Dann und wann wurde auf der Heimfahrt ein Schwur geleistet, dies sei das letzte Mal gewesen, und dann nicht gehalten im nächsten Jahr. Eine hübsche Menge Gesprächsstoff haben die Teilnehmer von dem meisten Treffen mitgebracht, diese oder jene angenehme Erinnerung auch, vielleicht ein bißchen gut konservierte Wut, Anregung jedenfalls, ein paar optische Eindrücke, ein paar Spuren im Geist. Neben den erwähnten Wonnen der Exklusivität boten die Zusammenkünfte einen banalen Befreiungseffekt, wie ihn jedes Branchentreffen beschert: mal raus aus dem Alltag, aber nicht aus dem Interessengebiet. Beim alljährlichen Weltwettstreit der Damenfriseure in Cannes habe ich eine ganz ähnliche Grundstimmung bemerkt, obwohl sie dort natürlich stärker parfümiert war und sich um einiges schlichter artikulierte. Allerdings, ein *Branchenorgan* ist die *Gruppe* eben nicht gewesen, sondern klein, angenehm formenlos – und überraschend beständig. Das letzte muß damit zusammenhängen, daß sie vielen doch eine Kleinigkeit von dem bot, was nach dem Krieg Generationen eingebüßt hatten auch ohne erzwungene Ortsveränderung: die Höhle Heimat. Das konnte nur so lange gutgehen, wie die Spielregeln der ersten Stunde nicht weggefegt wurden, unter ihnen das Gebot der Loyalität. Genau besehen, und wenn man des Schriftstellers berufsbedingte Affinität berücksichtigt zur Hysterie: Es ist erstaunlich, wie lange es gut gegangen ist mit dem exklusiven Club der drei Tage.

Politisch-publizistischer Natur sei sein Ursprung gewesen: Richter hat das immer wieder betont. Zumeist hat er aber auch darauf geachtet, daß nur die für politisches Räuspern verantwortlich sind in Form von Resolutionen, die den Text unterschreiben, nicht also *die Gruppe*. Resolutionen sind bei Autoren sehr beliebt als Ausdruck ihrer wachen politischen Verantwortung. Ich weiß nicht, warum gerade Schriftsteller der Meinung sind, sie hätten mehr Verstand als Angehörige anderer Berufsgruppen und mithin die Pflicht zur Äußerung. Ich weiß nur, daß diese Autoren sich jedesmal ungewöhnlich schwer damit taten, zu sagen, was sie sagen wollten. Stets verschwamm das Wort, schien ungenau und öfters auch unglücklich gewählt. Daß diese Kundmachungen aus dem Kreis der *Gruppe* wenigstens nicht ganz so lausig formuliert waren wie Äußerungen aus dem *Verband deutscher Schriftsteller* oder vom Präsidium des PEN-Clubs, das lag allein an Hans Schwab-Felischs Geduld und Fleiß; wenig Dank hat er bekommen für die Nachtarbeit, mit der er manches Jahr politische Äußerungen deutscher Autoren übertragen hat in etwas, das annähernd seinem geliebten Deutsch ähnlich sah. (Nicht Schriftsteller ist Schwab-Felisch, sondern ein Publizist von Rang.)

1961 habe ich mir erst respektvoll und dann verwirrt klar machen dürfen, daß politischer Verstand bei Schriftstellern sich weder auf politischen Alltag erstreckt noch auf Verständnis dafür, womit ein Politiker zu tun hat. An die dreißig Autoren, eingeladen von Richter, haben in Bonn zusammengesessen mit Willy Brandt. Jener thronte frisch von der Höhensonne als ein schweigsamer Buddha, der alles sich anhörte, was mit Leidenschaft für das Verbale und schöner Arroganz vorgebracht wurde über die Sozialdemokraten. Jedoch, als nach Stunden jeder sich erleichtert hatte und mithin geglänzt, kam man gern zurück auf den ursprünglichen Plan, ein Büchlein zu stricken als Hilfe für den Wahlkampf der SPD. Brandt sagte, er fände das sehr schön, und das Büchlein ist dann auch entstanden und gedruckt worden und wurde ganz hübsch verkauft. Es hieß *Die Alternative oder Brauchen wir eine neue Regierung?* Es enthielt tapsige und feuersprühende Beiträge, und, jawohl, wir brauchten eine. Politischer Verstand war nur mit Mühe zu erkennen, *l'art pour la poli-*

tique pour l'art, ich nehme da mein Aufsätzchen nicht aus. Über meine Mitwirkung brauchte ich mir keine hauptberufsbedingten Gedanken zu machen: Im Hause Springer, was manchen enttäuschen wird, war man demokratisch. Nur von fern war an stillen Sommermorgen ein gewohntes Geräusch zu vernehmen: Krämer-Badoni, der den falschen Baum anbellte.

Nicht jedermann im Land ist der *Gruppe* zugetan gewesen. Daß es gelegentlich eifrig ultramontan grummelte aus bayerischen Mittelstädten, war eher ermutigend. Daß ein Mann wie Friedrich Sieburg mit entschlossener Eleganz und schon 1952 Anstoß nahm in Bausch und Bogen und noch ein Jahrzehnt später Bannflüche schleuderte wider eine Entwicklung, die er doch früh verworfen hatte: Es ist zu begreifen; zwar zeigte er sich wenig informiert, doch immerhin ging es ihm um eine zeitgenössische Literatur, wie er sie sich wünschte. Der wackere Kritiker Günter Blöcker bei seiner Abkanzelung hat noch einigen Fakten einen flüchtigen Blick zugeworfen, doch bei weitem nicht allen. Schmetternde Abneigung kennzeichnet die Angriffe von Hans Erich Nossack und Robert Neumann. Als einen Verein von miserablen Autoren, aber finsteren Verschwörern voller Machtwillen haben sie das alljährliche Dreitages-Ereignis porträtiert und sich fern von Fakten heillos verheddert in Fiktionen.

Unterhaltsamer Lesestoff war damit allemal entstanden. Das hat so polemische Autoren verlockt wie Reich-Ranicki, Höllerer und Raddatz, noch amüsanter zu werden bei der Korrektur rührender Falschbehauptungen. Gewiß, gerade Literatenstreit hat dem Vergnügen der Einwohner zu dienen, aber hier überzeugend zu antworten war nicht schwieriger, als einem Dreijährigen seinen Lolli wegzunehmen. Weiland Alfred Andersch war mit Sieburg scheinbar würdig-ernster umgegangen; es lief aber auf dasselbe hinaus.

Interessanter scheint die Frage, woher die wilde Abneigung rührte, die Leute wie Neumann oder Nossack bewog, es mit Fakten erst gar nicht zu versuchen. Nicht allein das Gefühl der heiligen Pflicht kann es gewesen sein, finstere Nichtskönner zu entlarven, die den Leuten einreden, sie seien gute Autoren. Da war noch etwas anderes, das nichts zu tun hatte mit Literatur, das Groll freisetzte gerade in erfahrenen Kulturmaschinisten. Sie glaubten bei den *Berliner Spezis* (Neumann) das Gefühl einer gegenseitigen Loyalität zu wittern, die quer durch Jahrgänge bestand, Stile und Richtungen, auch durch Feindschaften. Das widersprach allen Literaturspielregeln. Von dort zu dem Fehlschluß zu gelangen, bei Schriftstellern könne dergleichen nur die Verschwörung sein, einander hochzujubeln: War das nicht menschlich?

Neumann veröffentliche seinen Ausbruch im Mai 1966. Auch darin war er etwas zu ungeduldig.

An Land gegangen waren wir in Hoek von Holland, und übernachtet hatten wir auf viel zu weichen Betten in Melsungen. Wir kamen aus England, dort hatte ich ein halbes Jahr lang gearbeitet; Ursula konnte nachkommen, als das Schauspielhaus in die Sommerferien ging. Nun waren wir auf dem Weg an den Rand der

Fränkischen Schweiz zu einem Ort namens Waischenfeld; in seiner Nähe sollte es ein Gasthaus geben namens *Pulvermühle*; dort würden in diesen Oktober-
tagen 1967 die Treffen der *Gruppe* ihren zwanzigsten
Geburtstag haben. Wir waren müde und guter Laune
und meinten, wir blieben doch lieber in Deutschland,
und erzählten einander Geschichten, die wir beide
kannten – etwa, wie Heinrich Böll nach Bad Nauheim
kam zum Vorlesen und in einem Kurheim der Nonnen
übernachtete; dort stießen wir auf ihn, weil Ursula sich
behandeln ließ in Nauheim und auch dort wohnte. Im
Keller fanden wir den hoch verehrten Mann an einem
enormen Kaffeetisch, gedeckt von glücklichen Nonnen, bedeckt mit Kuchen und Platten voll belegter
Brötchen. Ängstlich sah Heinrich diese Fülle sich an,
doch er hatte ein dickes Kind dabei, das fraß fast alles
auf und behandelte uns mit der Herablassung, an der
alle Kinder von erfolgreichen Autoren kranken.

Vor Würzburg hörte es auf zu regnen, und hinter
Würzburg kam die Sonne heraus. An Richters weißes
Spielzeug von Sportwagen erinnerten wir uns. Immer
wieder blieb es stehen und entließ Dampf auf dem Weg
von Rom nach Cap Circeo, und wir standen herum,
kühlten es behutsam und sahen nicht wie Dichter aus,
sondern sehr deutlich wie Touristen. – Hans und Toni,
sagte Ursula, waren so strahlend farbenfroh einge-
puppt. – Wunderwald, sagte ich. Wunderwald war gar
nicht so geheimnisvoll: Literaturfreund wie Gerhard
Bahlsen, jawohl. Anders als Bahlsen aber hat er einen
Beruf gehabt: Textil en gros, oder so ähnlich. Er roch
gern an Rosen. Später war er irgendwie nicht mehr da.

Auch der arme Herr Neske kam zur Sprache, ein sehr angenehmer Mann. Ganz sicher ist er gewesen, er sei der Verleger des Romans, aus dem Grass in Großholzleute vorgelesen hat. Wortwörtlich gezittert hat er um *Die Blechtrommel* und ihren Autor. Als es dann den Preis gegeben hat, da hieß der Verleger plötzlich Luchterhand. An dieser Stelle gerieten wir in die Gegenwart, denn Waischenfeld war schwer zu finden. Ich bin dann dort in das Postamt gegangen und habe Helmuth de Haas in Hamburg gesagt, ich sei angekommen und wann er denn den Bericht haben wollte. Er wollte ihn ziemlich früh; er sagte, *dpa* hätte gerade ein Foto geliefert und Richter wäre ja ganz schön dick geworden. Auch de Haas hatte einst auf dem Vorlesestuhl der *Gruppe* gesessen, lyrisch avantgardistisch.

Die *Wirtschaft und Pension Pulvermühle* lag im ziemlich feuchten Grünen auf der vom Wald bedrängten Talsohle. Mit etwas Glück konnte man Wotan dröhnen hören hinter den Höhen, und gelegentlich sprengte ein Walkürentrupp über den Schornstein: Nahe war Bayreuth mit Wahnfried und dem Tempel für Gesamtkunstwerk, auch Nürnberg schien nicht allzu weit – ein Landstrich, rundherum auf eher groben Sinnenkitzel eingestimmt, Schweinswürstl etwa. Ein Fernsehmensch filmte uns, wie wir auf das Gasthaus zugingen. Fast jedermann wird gern gefilmt von Fernsehmenschen, aber hier schien es unbestimmt degoutant. Ich wunderte mich, daß Richter das erlaubt hatte. In der Gaststube saß wie üblich Frau Richter und verteilte Zimmer. Sie meinte, Ursula hätte es doch immer gern ruhig, deswegen habe sie uns ein Privatzimmer gegeben in der Nähe. Ursula wollte aber gern im Gasthof sein. Frau Richter willfahrte, doch zögernd und etwas unfroh. Ich vergaß das wieder, denn wenig später kam Eich und nach ihm Hildesheimer und mancher andere. Auch fremde Gesichter waren zu sehen, neue Autoren wie jedes Jahr.

Nichts hatte sich geändert, und zum ersten Mal fiel mir das auf. Während einer langweiligen Lesung am ersten Arbeitstag überlegte ich, wie perfekt nun alles sei mit Texten und Kritik, Leidenschaft und Disziplin: Auf Tournee könnte man damit gehen, dachte ich, ein sicherer Hit für breite Leserkreise oder wenigstens eine Attraktion der Buchmesse im Sonderpavillon. Allerdings, die Kosten. Teuer waren Autoren geworden, und Kritiker sind es ohnehin, verwöhnt vom Fernsehen. Viel Geld müßte man verlangen und Zuschauermassen zügig durchschleusen, wie durch ein Jahrmarktzelt der Abnormitäten: fünfzig Mark für fünf Minuten? Exempel gab es bei anderen darstellenden Künsten. Die *Gruppe* als *Peep Show*? Das würde Richter Spaß machen.

Wie schade, daß keine Gelegenheit mehr sich gefunden hat, ihm davon zu erzählen. Abends haben Ursula und ich mit ihm an der Theke gestanden und geschwatzt. Da kam ein aufgeregter Herr Walser angelaufen, mißbilligte uns wie immer und sagte zu Richter, also wirklich, und ob er jetzt endlich käme. Richter zögerte noch ein halbes Bierglas lang, schien zu maikäfern, flog aber nicht, machte sich auf und sagte noch hastig: Du solltest jetzt doch von Springer weg.

Eine überraschende Mitteilung schien uns das. Ich

würde ihn fragen müssen, was er mit ihr meinte. Der Tag war lang gewesen, und wir gingen schlafen, schon wieder auf zu weichen Betten. Kalt kam die Nacht durch den Fensterspalt. Bächleinrauschen, gewöhnlich beruhigend, hier klang es unbestimmt feindselig.

Franz Josef Schneider, Erzähler und Werbefachmann, setzte sich zu uns beim Frühstück. Kaffee trank er, mit Bierdeckeln hat er herumgespielt, und schließlich sagte er: Für euch ist das schon schlimm. – Was er denn meinte, fragte ich ihn. Er blickte auf, sah Ursula an, sah mich an durch dicke Brillengläser: Also hör mal, sagte er, und es klang wie ein Vorwurf. Am Ende hat er uns geglaubt, daß wir wirklich nicht wußten, wovon er redete. – Ich hab euch doch gestern abend mit Richter gesehen, sagte er. Das war sein letzter Einwand. Dann teilte er mit, was er gemeint hatte.

Eine Resolution war gestern abend vorgeschlagen worden und vorformuliert, in der *die Schriftsteller der Gruppe 47* ihren Beschluß publik machten, *in keiner Zeitung oder Zeitschrift des Springer-Konzerns mitzuarbeiten*. Ihre Verleger ersuchten sie, nicht mehr bei Springer ihre Bücher anzuzeigen, und jeden anderen Schreibenden forderten sie auf, es ihnen gleichzutun. Der abgeschlossene Gesamttext wies eindeutig aus, daß gegen alle Übung nicht die Meinung einzelner Unterzeichner mitgeteilt wurde; vielmehr, hier äußerten sich zum ersten Mal *die Schriftsteller der Gruppe 47* schlechthin. Als Grund für den Autorenverzicht wurde Springers Marktanteil genannt, angeblich 32,7 Prozent; die Meinungsfreiheit verletze er und gefährde damit die Demokratie.

Dies ist, sagte ich und meinte die Begründung, ein sehr merkwürdiger dicker Hund. Außerdem, kaum jemand von der *Gruppe* schreibt bei uns was.

Darauf kommt es nicht an, sagte Schneider. Damit hatte er recht. Ganz keusch ging es um einen ethischen Knalleffekt. – Und euch hat tatsächlich keiner was gesagt?

Dies in der Tat war für uns der entscheidende Punkt. Von hier rührte der Schock her, den wir soeben bekommen hatten. Politische Resolutionen waren ein Lieblingssport geworden für Grüppchen in der *Gruppe*. Nun also feierlich gegen Springer. Neu war die Kampagne nicht, aber, bitte, dies war ein freies Land. Jetzt erst fiel mir Richters karges Abschiedswörtchen von der Theke ein, und das tat weh. Nicht gesagt hatte er: Da wird eine Erklärung gegen Springer beredet, da wirst du auch was sagen wollen? Als einziger hier war ich unmittelbar betroffen. Unbequem war es ihm gewesen, und wichtig war ich nicht in diesem Kreis. Das Grundrecht einer freien Entscheidung hatte Freund Hans mir geklaut. – Scheiße, sagte ich. – Stimmt, sagte Schneider, sowohl als auch.

Ursula, blaß und ruhig, hatte sich ein bißchen umgeschaut. Manche gucken weg, sagte sie, wenn sie merken, ich sehe in ihre Richtung. Sie gehen auf die andere Straßenseite. Komisch. In meinem Leben machen sie das jetzt zum dritten Mal: Zuerst war es mit meiner Mutter und mir aus Angst vor der Gestapo; dann, als Stalin in Estland eingefallen war, mit mir in Reval aus Angst vor dem NKWD. Vor wem haben die denn dieses Mal Angst?

Es sind nur ein paar, sagte ich.

Es sind immer genug, sagte sie.

Daß allein wir von der Sache nichts gewußt hatten: Jeder würde Schwierigkeiten haben, so etwas zu glauben. Das wurde mir klar, als wir in den Saal gingen. Mithin, jeder mußte annehmen, brav hätte ich meinen Mund gehalten, um mein bißchen Anstellung nicht zu gefährden. Konnte ich herumgehen und jeden anöden damit, daß alles ganz anders gewesen sei? Eigentlich müßte ich das tun. Auf jeden Fall, in diesem Augenblick würde und konnte ich von Springer mich nicht verabschieden: Feingefühl für das Opportune sollte stets denen überlassen bleiben, die ohnehin es für nützlich halten. Aber ich gebe ja zu, ohne diese Sorte von Instinkt hätte auch die *Gruppe* vermutlich keine zwei Jahrzehnte überstanden.

Da saßen wir, waren weiß um die Nase, und alles war wie immer, und jemand las vor, und der und jener brachte dann Kritisches zu Gehör. Sehr naiv waren wir gewesen und durften nun erfahren, daß das Leben so sei, wie das Leben ist. Gewußt hatten wir das vorher auch, aber da und dort einfach nicht geglaubt. Es hat später Augenblicke gegeben, da habe ich um ein Haar behauptet, gelohnt hätte es sich doch. Unerträglich wäre ein Dasein ganz ohne Naivität. Für einen Überschuß davon muß man bezahlen. Dies aber, da naiv, weiß man vorher nicht.

Gegen Ende des Vormittags, da es ja eine offizielle Äußerung war der *Schriftsteller der Gruppe 47*, durfte Klaus Piper zu uns sprechen über sein Stückchen Resolution. Wie er würdig mitteilte, eigentlich habe er nichts zustande gebracht, das war von eigenem Reiz. Der Verleger hatte sich verdonnern lassen, mit seinen Kollegen den Anzeigenboykott zu organisieren. Ledig-Rowohlt, an dem das sonst hängengeblieben wäre, war hellsichtig genug gewesen oder ausreichend informiert, leider am Kommen verhindert zu sein. Piper also bedauerte feierlich: Es seien, nicht wahr, so wenige Verleger hier greifbar. Auf der Buchmesse werde sich aber gewiß etwas machen lassen. Die Versammelten nahmen zur Kenntnis. Unfreiwillige Komik hellt leider einen größeren Kummer nur unwesentlich auf. Für beabsichtigten Übermut gab es allein die stinklangweiligen Clowns am Nachmittag.

In kostspieligen Autos kamen sie und störten die Lesung, Mitglieder des *Sozialistischen deutschen Studentenbunds*, Zeitgenossen vertraut unter dem Kürzel *SDS*. Durch ein Megaphon dröhnten sie, verbrannten Papier im Apfelgarten und ersuchten die Schriftsteller um Formulierungshilfe wider Springer. Einige mummenschanzten. Sodann Amateurtheater von der anderen Seite: Reinhard Lettau stieg auf einen Stuhl, schmetterte glückselig *Genossen!* und versuchte sich als *Gruppen*-Lenin. Das verbitterte Grass, da Lettau nicht zuständig (was er sagte) und Grass bestimmt viel besser (was er nicht sagte). Währenddessen filmten draußen die Herren vom Deutschen Fernsehen unsere revolutionäre Jugend von allen nur denkbaren Seiten: etwas Demo, reichlich Disco. Sie war natürlich bestellt gewesen von Autoren, die Richter für seine Freunde gehalten hatte, so wie ich ihn für den meinen.

Vorübergehend hat er mir leid getan. Später hat er

mir versichert, es sei alles nicht so gemeint gewesen. Aber da war ich schon erwachsen geworden, mit sechsundvierzig Jahren an einem Ort namens Waischenfeld, und vertraute nur noch meiner Frau. Sie übrigens hat als erste zutreffend das Ende der *Gruppe 47* festgestellt. Das war im Auto zwischen Waischenfeld und Erlangen am 8. Oktober 1967: Natürlich nicht wegen Springer, hat sie gesagt, aber so wie es ist, das hält nicht mehr zusammen. Auch erwähnte sie Revolutionen, die ihre Kinder fressen. Ich sagte, hier fräßen eher Kinder die Revolution täglich zum Frühstück. Wir haben das nie präzisieren können.

Daß bald nach der Tagung die *Pulvermühle* abgebrannt ist – also, trotz der Nähe Bayreuths, einen dermaßen primitiven Effekt den Kritikern der *Gruppe* zu präsentieren, das hätte niemand gewagt.

Ansichtspostkarten

Vorgestern die Fischsuppe in Paris, sagte Sydney Porter, die hat mir nicht so gut geschmeckt wie das hier.

Wir saßen in einem Keller an der Gerhofstraße und aßen garnierten Grünkohl mit Bratkartoffeln. (Das war 1959; damals hat es in einigen Hamburger Restaurants noch sehr gut gemachte Bratkartoffeln gegeben.) Mr. Porter war wie andere angelsächsische Autoren in Europa unterwegs, um aus seinen Büchern vorzulesen. Wenn jemand wie er durch Hamburg kam, schickten ihm die Redakteure der *Welt* häufig Ferber auf den Hals, um ihm abzumelken, was er deutschen Lesern mitzuteilen wünschte. Ferbers Englisch ließ zu wünschen übrig, und Interviews waren seine Force nicht. Niedergelassen mit halbem Hintern auf harten Sofas im *Atlantik* hat er wie einen Orden entgegengenommen spärliche Informationen über Woher und Wohin (Faulkner), freundliche Worte eingesteckt über Weltweite und Gewässer der Kommune Hamburg (Wilder, Erskine Caldwell) und im besten Fall Informationen erhalten über deutsche Vorfahren, diese vom freundlichen Henry Miller, der alsbald verschwand zu einer Dame und seiner Lieblingsbeschäftigung. Das Gespräch mit ihm ließ ein paar Tage später sich fortsetzen in den gepflegten Räumen von *Tiefenthal*: Nach einer Hose forschte dort der *Wendekreis*-Autor und betonte energisch, auch er stamme aus der Textilbranche.

Amerikanische Autoren waren zumeist angenehmer als die aus Großbritannien, etwa der treffliche Priestley. Auf hastiger Durchreise gedachte er zwar absatzfördernde Interview-Weisheit zu spenden, muffelte aber so düster über dem besten Rheinwein des Flughafen-Restaurants, als machte der ganze Sozialismus ihm keinen Spaß mehr. Niemanden mochte er leiden, eingeschlossen die ihm verwandten Damen seiner Begleitung. Jedermann in der Tischrunde ist erleichtert gewesen, als British European Airways den Abflug ihrer Maschine nach London bekanntgab. Vielleicht hätte ich Priestley besser nicht nach dem Anglo-Holländer Jan de Hartog gefragt: Hartog weilte nicht mehr bei Priestleys, und ohnehin, auch große Männer sprechen nicht gern über andere Autoren, solange sie selbst sich darbieten.

Bei Londoner PEN-Sekt habe ich Iris Murdoch mein Vergnügen gestanden an *The sea the sea*; ihre sanft rundlichen Züge verzerrte etwas wie Ekel, und sie ging weg. Graham Greene habe ich bei einer Taxenfahrt durch Hamburg gefragt, ob er einen Hund habe; Ameisen züchte er, hat er mir versichert. Das muß der berühmte britische Humor gewesen sein, oder aber, Greene sehnte sich nach Frieden und Stille in einer Badewanne der *Jahreszeiten* und wußte doch, aus mancherlei Gründen würde er beides sobald nicht kriegen. Das fing damit an, daß er an der Binnenalster auf einer reichlich feuchten Bank Platz nehmen mußte, um sinnend über das Gewässer zu blicken, gehorsam dem Fotografen. Leidlich ergiebig werden Briten, die jeden Fluchtweg versperrt wissen. Der Dramatiker Tom Stoppard und ich haben auf Kensington High Street fünfundzwanzig Minuten lang in einer Verkehrsstockung gesteckt; daraus wurde, was der Fachmann *ein ausgeruhtes Interview* nennt. Fruchtbar war es auch, auf der Fähre zwischen Dun Laoghaire und Holyhead an der Seite von Richard Hughes neunzehnmal um das Schiff herumzulaufen. Hughes war über siebzig, gleichwohl schneller als ich, ein Sturmwind nun auf der Irischen See.

Weil so viele vertraute Freunde von Autoren über eben diese Autoren schreiben: Keinen dieser Erzähler der erwähnten Herren habe ich besonders gut gekannt. Greene beispielsweise war bei unserer flüchtigen Begegnung vorübergehend Privatbesitz des tüchtigen Rudolf Walter Leonhardt; der hat Greene den Deutschen gezeigt und die Deutschen Greene – von beidem war dann Hübsches zu lesen in der *Zeit*. So manches geschichtsträchtige Ereignis habe ich auch später mit Leonhardt teilen dürfen, etwa den netten Abend Anno Siebenundsechzig mit Rudolf Dutschke und Rudi Augstein im Auditorium Maximum. Natürlich, wir beide saßen den beiden zu Füßen. Leonhardt, sonst stets mit Schlips, war liberal mit volksnah entblößtem Adamsapfel erschienen; F., gewöhnlich peinlich frei von Krawatte, hatte eine angelegt für den Anlaß. (Die Sache mit den Ameisen hat L. unter die Leute gebracht, ritterlich ohne Namensnennung.)

Sydney Porter, dieser Erzähler sehr kurzer und guter Geschichten, viele von ihnen so frisch wie das kalte Wasser, mit dem heiße Städte gewaschen werden an staubigen Sommertagen, Sydney Porter war der angenehmste Autor von Weltrang, den ich je getroffen habe: groß, rundköpfig, gut im Fleisch und ein bißchen ängstlich rund um die Augen. Ergeben hatte er mir entgegengeblickt in seinem *Atlantik*-Zimmer. Es war ein kalter Tag. Kleine Halsmuskelzerrungen holten wir uns, um den berühmten Blick auszukosten über beide Alster-Becken auf einmal. Sodann, nach fünf Minuten tröpfelndem Ungespräch, wandte der berühmte Mann seinen Blick von der Eisdecke zur Zimmerdecke und sprach: Mir ist das auch so gegangen in Austin bei der Zeitung. Nie habe ich gewußt, was ich die Leute fragen soll. Das meiste liest man ohne Fragen von der Stirn. Der da natürlich hat es leichter als wir.

Er verdient auch besser daran, sagte ich. Wir meinten einen Fotografen, der unermüdlich wertvolles Filmmaterial verschwendete auf des Dichters Profile.

Dann werde ich Prozente verlangen, sagte Mr. P. Soviel Englisch verstand der Fotograf nun auch. Er packte zusammen und verabschiedete sich.

In Austin habe ich einen Fotografen gekannt, der hat vor zehn Jahren noch mit Glasplatten gearbeitet. Seine Opfer haben viel lebendiger ausgesehen als die von seinen modernen Kollegen. Er hat den Leuten klargemacht, daß er sie nicht ernst nahm, ehe er auf seinen Gummiball drückte. Mein wunderschönes Jugendbild hat die Polizei haben wollen und nicht bekommen. Er hebt nie etwas auf, hat er gesagt und saß dabei auf einer Kiste voll Platten.

Mr. Porter, so stand es in meinem Archivmaterial, ist Bankkassierer gewesen in Austin, war sodann wegen Verdacht auf Unterschlagung flüchtig in Mexiko oder Honduras, danach in Austin als Mitglied der Jenkins-Bande beteiligt an einem Überfall auf das gleiche Institut, bei dem er unterschlagen haben sollte. Das klang merkwürdig – als ob ein Mann etwas Wichtiges vergessen hat und zurückeilt, den Fehler gutzumachen. Haben Sie tatsächlich erst unterschlagen und dann geraubt? fragte ich.

Es gibt da zwei Fassungen meiner Geschichte.

Das ist mir aufgefallen.

Sie haben die Wahl. Ich dementiere nie etwas. Daß ich mich selbst gestellt habe, darauf lege ich allerdings Wert. Auch darauf, daß ich fünf Jahre bekommen habe und immerhin drei davon abgesessen.

Haben Sie sich vorher in Honduras versteckt oder in Mexiko?

Was gefiele Ihnen besser? Ein Schriftsteller hat es schwer. Was immer ihm einfällt, nur andere haben etwas davon. Wenigstens ein paar Einfälle muß ich für mich selbst aufbewahren dürfen, in *meinem* Leben verwenden. Jeder Bankvorsteher – nur mal als Beispiel – darf das. Viel fällt ihm vielleicht nicht ein. Kommt ihm aber was in den Sinn, dann ist es sein Eigentum allein.

Machen andere Schriftsteller das auch so?

Keine Ahnung. Ich bin der einzige, der es gelegentlich zugibt. Nur im Vertrauen natürlich.

Und wenn Sie später Ihre Memoiren schreiben?

Haben Sie schon mal Memoiren gelesen, denen Sie geglaubt haben? Erinnerungen sind immer Ansichtssache. Manchmal denke ich darüber nach, wie meine Gefängniszeit gewesen ist.

Sie haben gemütlich in der Apotheke gearbeitet.

Ich habe noch nicht darüber entschieden, ob das wirklich gemütlich war. Ich habe jetzt Hunger.

Ihr Pseudonym – stammt das nun vom Namen eines freundlichen Gefängniswärters oder aber vom französischen Verfasser eines Apotheker-Lexikons?

Ich empfehle immer den Gefängniswärter: soviel menschliches Verständnis und Ermutigung beim Schreiben. Das behalten die Leser.

Also war es der Franzose.

Woher wissen Sie das? Es gibt schöne Dinge, die sind wortwörtlich wahr. Großen Hunger habe ich jetzt. Das Hotelrestaurant macht mir angst. Spazierengehen muß ich, sagt mein Arzt. Etwas Nettes, Einfaches, und hiesiges Essen… Wir Amerikaner lernen, daß wir überall nach hiesigem Essen fragen sollen. Das steht bei uns in den Zeitungen.

Mir war, als ginge ich auf einem Hochseil und sei vergnügt, weil ich immer noch nicht herunterfiel. Mr. Porter hatte mich reich beschenkt, aber moralisch verpflichtet, nichts davon weiterzusagen. Dankbar mußte ich einem Training sein, das mir oft geholfen hat, fast keine Auskünfte zweispaltig aufzumachen. Immerhin, der Fotograf mit den Glasplatten ließ üppig sich verwenden.

Dann saßen wir etwas unter der Gerhofstraße, tranken Holsten Edel und langten in den Grünkohl. Diese

Pariser Fischsuppe hat mich sehr enttäuscht, sagte Mr. P. Da haben wir bessere in New York, und dabei war es sogar ein Restaurant speziell für Fisch. Die Gesichter zum Essen waren schon besser. Es war einer von diesen schmalen Räumen, an der Wand die lange Bank, davor viele Tischchen mit je einem Stuhl. Ich saß auf einem Stuhl, so voll war es. Von dem Mann gegenüber sah ich wenig, er hatte eines von diesen Serviertürmchen vor sich, mit Etagen für Austern, Muscheln, Kreveten, und das baute er nun systematisch ab. Neben ihm saß eine Dame, deren Mann natürlich neben mir saß, ein kleiner Mann, ein Mann, den niemand sich ansieht. Die Dame war nicht schön und sah schrecklich traurig aus. Den Kopf ließ sie hängen. Kein Mensch würde diesen Kopf trösten können, das war sicher. Nichts hat sie getrunken und in ihrer Fischsuppe nur herumgerührt.

Mr. Porter sah sich um nach einem frischen Holsten Edel; wir bestellten zwei Korn dazu. Er machte sich an die heiße Mettwurst im Grünkohl; auf seinen Schlips spritzte es aus ihr. Fett auf Seide, sagte er, schlimm. Für heute abend habe ich noch einen im Gepäck. Nun ja, erst habe ich gedacht, die traurige Dame und ihr Mann sind auch Ausländer und sie hat noch nie Fischsuppe gesehen. Sie weiß nicht, was sie mit der gelben Rouille machen soll, mit dem geriebenen Käse, mit dem harten Röstbrot. Doch sie haben ausgesehen wie Franzosen und waren auch Franzosen. Dann habe ich begriffen, diese Frau ist sehr krank, ohne sozusagen krank zu sein. Sie kann alles, mag aber einfach nicht mehr. Die Trostlosigkeit der Welt ist über sie hergefallen, und die wird sich nun ausbreiten, über mich und über jeden anderen. Dabei, dieses Essen hat bestimmt ein festlicher Ausflug sein sollen. Viel hatte der Mann bestellt, alles Mögliche. Vielleicht war es ihr Hochzeitstag. Er hat sie daran erinnern wollen, ich weiß nicht. Jedenfalls, sie hat gewußt, helfen wird das alles nichts. Sie hat es ihm nicht verderben wollen. Einmal hat sie mich angeblickt, arm und häßlich und so schwach. Ich bin feige gewesen. Ich habe weggesehen.

Mr. Porter blickte mich an, als entschiede mein Gesichtsausdruck, wie die Geschichte weitergehen würde. Das letzte Grün auf dem Teller fegte er zusammen und aß es. Der Mann, fuhr er fort. Ein ganz bestimmt sehr langweiliger Mann. Wie er aber mit ihr umgegangen ist. Geduldig sowieso. Geduld sollte jeder haben, aber wer hat sie. Natürlich hätte er sich vorher sagen können, hier würde er nicht sitzen, wo er hätte sitzen müssen: neben ihr. Vielleicht hat er gewollt, daß sie ein besonderes Gefühl von Freiheit hat. Egal. Wahrscheinlich war nichts so, wie ausgedacht. Jedenfalls, er hat dann vor aller Augen immer wieder vorsichtig über den Tisch gegriffen, hat ihre Hand berührt, hat sagen wollen, ich bin da und ich liebe dich wie schon hundert Jahre lang. Ob sie das verstanden hat, war nicht zu sehen. Wer weiß. Er hat nicht abgelassen. Er wird seine Gründe gehabt haben.

Mr. P. machte eine Pause, leerte das Bierglas, trank den Korn: So. Jetzt sagen Sie mir, wie man das erzählen kann, beschreiben soll.

Der Autor sind Sie.

Bücher haben auch Sie geschrieben. Jedenfalls behauptet das mein Konsul.

Ihr Konsul ist ein stiller Amerikaner. Es stimmt zwar, doch sehr gute Bücher sind es nicht gewesen.

Wie soll man von den beiden erzählen?

Ich schluckte. Sie haben es eben sehr gut erzählt. – Mr. P. wurde mir unheimlich. Bei weitem überschritt er seine Autorenpflicht gegenüber der Presse, genau genommen: Er mißbrauchte sie.

Das war doch nur der Stoff. Ich habe sie überhaupt noch nicht erzählt. Seit vorgestern überlege ich, wie man das einpacken kann.

Der Mann war der Henker von Paris.

Eben nicht. Kein Effekt, kein Dreh, kein Schock. Nur diese beiden. Ich werde es nicht können. Nur die beiden.

Und ob Sie es können werden.

Vielen Dank. Dann war das Ganze vertraulich – nur für alle Fälle.

Das habe ich mir sowieso gedacht.

Vier Jahre später hat Sydney Porter mir das Manuskript geschickt. *Nur die beiden* kamen darin vor. Die Geschichte spielte von allen Orten der Welt, in Tulsa, Oklahoma. Mr. P. muß dort einmal vorgelesen haben, der Ort hat eine Universität. Viele werden den Titel kennen: *Der Mann von Mrs. Krapotnieze.* Die Geschichte ist zum Weinen unheimlich und liebenswert – auf knapp vier Druckseiten. Ich nahm mir eine Postkarte, aufbewahrt für besondere Gelegenheit, das Bild zeigt Pancho Villa in Siegeslaune, und schrieb darauf: *Verneige mich vor Mrs. K. mit Tränen und Neid. Warum Tulsa?*

Auf der Antwort war Salazar abgebildet, wie er einen

Orden verleiht. *Leute in Tulsa werden oft verachtet, nur weil aus Tulsa. Jetzt nicht mehr.* Immer schrieben wir einander solche Postkarten, wenn ein Anlaß sich fand oder eine besonders schöne Karte. Die Korrespondenz hatte nach Sydneys Abreise begonnen mit einer Nachricht aus London, vorne das Bild eines Denkmals im Hyde Park, hinten Text: *Warum ist Prince Albert so traurig?* Auf einem schlichten Adenauer, Luftpost nach New York, antwortete ich: *Für Albert gab es noch keinen Verein für das Deutschtum im Ausland.* Mr. P. antwortete quer über einem vergilbten Orson Welles mit Kronreif: *What the Dickens is a Verein für das Deutschtum im Ausland?*

Die Antwort fiel zu umfangreich aus. Am Ende blieb ich sachlich: *Mehr darüber einmal mündlich.* Ich dachte damals, ich würde bald nach Amerika reisen können. Mr. P. setzte den Kartenaustausch fort mit einem schönen Profil von André Gide und seiner Zigarettenspitze: *Würden Sie von diesem Mann ein gebrauchtes Buch kaufen?* Ich antwortete mit der Schulreiterin Paula Busch auf dickem Schimmel: *Ungern in der deutschen Übersetzung.*

Gides Porträt war eine Anspielung auf das *gemütliche Beisammensein* mit Veranstaltern von Mr. P.s zufriedenstellend überfüllter Lesung; gut und gern die Menge war zu verzeichnen gewesen, die Thornton Wilder eingeheimst hatte, mithin mehr als bei Faulkner. Beim Mosel versuchte eine um Hamburger Kultur verdiente Dame, Äußerungen dem Dichter zu entlocken über Beckett; ungestraft kommt niemand direkt aus Paris. Sie scheiterte (*Ich dachte, der wohnt in Triest* war Sydneys

magere Antwort) und sprach fortan mit anderen Verdienstvollen in der Nähe über eine Veranstaltung vor
vier Wochen (war es Quadflieg mit Goethe – oder aber
mit Hofmannsthal?), über die Dichterlesung in drei
Wochen (Koeppen) und über den Ärger mit André
Gide, der hatte kommen wollen und dann ganz einfach
starb. Das fraß an der verdienten Dame auch nach acht
Jahren.

Meinen Gide hatte ich bei seinen Lebzeiten gehabt,
bald nach der Währungsreform. Ein Mann namens
Schulze-Wilde rief damals die Jugend der Welt und die
Prominenz des Erdkreises, zwecks allgemeiner Versöh-
nung in Münchener Großveranstaltung samt Zeltlager;
erstaunlich viele Leute kamen aus drei Himmelsrichtungen. Mr. Stokes etwa, dem Abgeordneten für Ips-
wich, konnte ich auf der Theresienhöhe danken für seine Bemühungen, mich und viele andere aus britischer
Gefangenschaft loszueisen. (Nun ja, beteiligt an seinem
Erfolg war lautstarker Zorn von irischen Wanderarbei-
tern, die nach altem Brauch zur Ernte wiedergekehrt
waren und auf allen fetten Feldern am Werk fanden die
billige deutsche P/W-Konkurrenz.) Gide hielt eine
schöne optimistische Rede und genoß es sehr. Vor seinem Zimmer im *Bayerischen Hof* wimmelte es von mage-
ren bayerischen Epheben; einer hatte gar Bücher gelesen und sich nett arabisch geschminkt. Jedoch, müde war
der Meister, und der Tod nicht mehr weit. Sydney mochte sagen, was er wollte: Gide mochte ich, wenngleich
ohn' Verlangen.

Das hatte ich denn auch geäußert, nachdem uns die
Flucht geglückt war aus der Gemütlichkeit. Mit dem

telefonisch erbetenen Segen meiner Frau spazierten wir auf Reeperbahn und Davidstraße. Sydney hatte das gewollt: flüchtige Inspektion und Pflichtübung. Nicht mit Paris verglich er nun, sondern mit Amsterdam; auch dort, sagte er, sei es langweilig, weil so ganz ohne Geheimnis. Wir aßen Bockwürste, und ich führte ihn schleunigst in die *Washington Bar* über dem Hafen; nicht eine Sünde war dort zu Hause. Wir besprachen André Gide und New Yorker Vorschuß-Bräuche. Es dauerte seine Zeit, obwohl wir für einander nur *Syd* waren und *Chris*. Immer wieder griff in die Guitarre dieser junge Mann im blauen Pullover, der dort bisweilen einkehrt nach großer Fahrt. Von weiter See sang er, langem Abschied, Sehnsucht, Heimweh. Syd gefiel das ungemein und mir auch. Fünfzig Pfennige gaben wir beim Abschied dem Sänger. Artig bedankte er sich. Ursula und ich haben ein paar Wochen später Wolfgang Koeppen dorthin geführt. Auch er hat den Sänger gemocht, und leid hat es ihm getan, hier nicht Sydney getroffen zu haben. Er war einer der wenigen deutschen Autoren, die sich auskannten in Porters Kosmos.

Öfters wiedergetroffen habe ich den Sänger, obwohl das jedes Jahr umständlicher wurde. Vom Hafen aus in See stechen mußte ich am Ende auf dem guten Schiff *Hanseatic*; die Elbe hinunter schaukelten wir und weit hinaus ins Mündungsgebiet, wo die attraktiven Wracks dräuen. Dann knatterte es am Himmelsgewölbe. Bedachtsam stieß er auf uns nieder: der Sänger, verpackt in einen Hubschrauber. Federnd entstieg er, fing gleich zu singen an und war trotz Maßlederjacke herzzerreißend noch der Gleiche und auch derselbe wie immer, unser Freddy von einst, dabei doch jetzt nur allzu entdeckt. Seine fünfte oder achte oder zehnte Goldene Schallplatte haben wir auf dem Schiff gefeiert.

Was genau eine Goldene Schallplatte ist, weiß ich nicht. Wie die meisten Übertreibungen verstörte mich aber der Aufwand. Nur darum, nicht Freddys halber, sind meine Notizen über das Fest etwas boshaft ausgefallen. Bei den *Hanseatic*-Funkern habe ich den Text durchgegeben, telefonisch über Norddeich. Etwas verstört hörten sie zu, schließlich es waren ihr Schiff und ihr Freddy, und der eine fragte: Sind Sie von *Bild*? Und der andere sagte: Mann, mit dem, was der Herr gerade durchgegeben hat?

An Sydney habe ich die Karte mit einem farbigen Freddy weitergereicht: *Remember him? He's rolling in money now.* Ein besonders häßlicher Caruso war auf der Antwort zu sehen: *You tip too high.* Sydneys Handschrift schien mir alt und krakelig; er war doch erst sechsundvierzig und hatte, so hieß es, im vorigen Jahr wieder geheiratet. Nachrichten über unser Leben haben wir nie ausgetauscht. Von mir wußte er nichts, und ich wenig von ihm. Ursula baute in dieser Zeit zu einem Haus für uns aus die Ruinen eines holsteinischen Mühlenturms mit Kornspeicher. Wir hatten Geldsorgen und viel zu tun. Deswegen habe ich die nächste Karte erst ein Jahr später bekritzelt. Keine Person war darauf zu sehen, sondern der fertige und dabei schön jahrhundertalte Bau: *Links das Zimmer für Gäste. Wann schlafen Sie dort?* Mit einer Rarität (Fidel Castro ohne Bart) und neuer Adresse (ein Hotel) kam Antwort auf deutsch: *Bring mal lieber dein Deutschtum ins Ausland.*

Ein Jahr später habe ich das getan. Der Freundes- und Feindeskreis *Gruppe 47* war eingeladen worden, seine Arbeitstagung in der Universität Princeton abzuhalten; danach sollten die deutschen Gäste teilnehmen an einer amerikanischen Rede- und Gesprächssitzung mit dem sehr angemessenen Gegenstand *Der Schriftsteller in der Wohlstandsgesellschaft*; die Ford-Foundation, so manchem deutschen Autor längst vertraut, wenn auch zumeist in aller Stille, stiftete selbst mir das Reisegeld. Lufthansa lieferte mich mittags ab in New York. Der Bus nach Princeton verließ die Stadt erst nach fünf. Eine Viertelstunde lang gewöhnte ich mich an den Times Square. Dann nahm ich eine Taxe. Nicht zum *Algonquin* fuhr ich, wo das Schemen Dorothy Parker lautlos geistreich immer noch sitzt in durchsichtiger Tafelrunde, sondern zum *Caledonian Hotel*, in dem hoch oben ich Sydney zu finden hoffte und auch fand.

Er trug Morgenrock über dem Schlafanzug, und sein Bett war aufgedeckt. Üppig hatte er gewirkt vor sieben Jahren; nun sah er aus wie sein eigener Ersatz. Er saß an einem kleinen Tisch, vor dem Fenster die Mauer von nebenan, ganz wie bei Thomas Wolfe, als er *Schau heimwärts Engel* geschrieben hat. Sydney schrieb nicht. Das beste Zimmer des Hauses war anderswo.

Ich wohne gern in Hotels, sagte Sydney. Auch seine Stimme war kleiner geworden. – Immer habe ich gern in Hotels gewohnt. Die Wohnung, meine neue Frau hat sie noch. Meine Adresse ist das nicht. Sie sitzt dort und wartet.

Hotels haben viel für sich.

In Hotels kann man gut Postkarten schreiben. Wir sollten das wieder öfter machen. Karten finden wird schwierig. Hier gibt es jetzt auch Postkartensammler. Als ich in Paris gewesen bin... Ich hätte länger bleiben sollen. Irgendwo hat es bestimmt gute Fischsuppe gegeben.

Allemal. Ich gebe dir eine Adresse.

Fischsuppe ist mir eigentlich immer egal gewesen. Dort hat es schon Postkartensammler gegeben, als ich in Paris war. Zum Mond werden wir fliegen, aber sonst sind wir oft etwas zurück. Die Wohnung wird sich schlecht verkaufen lassen. Neger sind nebenan eingezogen. Die denken jetzt, ihretwegen bin ich weg. Jedenfalls, das sagt meine neue Frau. Sie sagt auch, jetzt sind noch mehr Neger da. Neger sind mir auch egal. Aber auf die Preise drücken sie, das stimmt schon. Das ist kein Rassismus, wenn man sich das klarmacht. Du siehst mich so an, als wäre es Rassismus. Dabei, ich denke allein an die Kosten. Ist das für mich? – Er meinte die Tragetasche mit dem zollfreien *Glenfiddich*.

Für wen sonst? sagte ich, vernahm dabei über vier Jahrzehnte hinweg das Echo des eigenen Stimmchens *Hamsemirwasmitgebracht?*, fügte hinzu: Als Medizin. Löffelweise.

Wie denn sonst, sagte er, und rührte sich nicht.

Am Waschbecken spülte ich sein Zahnputzglas. – Im Schrank ist noch eine Tasse, sagte er. Es war eine schöne Tasse, *Wiesenblumen* von Spode, funkelnd sauber. – Die darfst du nehmen, für mich das Glas, sagte er. Die habe ich mir damals in London gekauft. Deswegen habe ich sie mitgenommen aus der Wohnung.

Ich schenkte ein bißchen was ein, und wir tranken. Also Princeton, sagte er. Alles weiß ich von deinen Dichtern, sie stehen in der Zeitung. Herr Grass ist naß geworden auf der *Michelangelo*. Warum ist ihm so wenig dazu eingefallen? Und wieso, wenn ihm nichts einfällt, ist er nicht geflogen?

Fliegen tut jeder. Aber ich werde ihn in deinem Namen fragen.

Der weiß nicht, wer ich bin. Gestern habe ich hier im Bett meine kleinen Sachen zusammengezählt: kaum sechshundert Geschichten. Aber ich lebe davon und meine neue Frau auch, nur, wer liest sie?

Jeder liest sie. Jeder mag sie. Alle sind ein guter Schluck.

Nicht so gut wie das hier. – Er hielt mir sein Glas zum Nachfüllen hin. – Princeton ist sehr heilig und immer etwas kalt. Einstein und so weiter, aber auch die Architektur. Sehr heilig, aber nix *Gemütlichkeit*. Können deine Dichter überhaupt ohne *Gemütlichkeit*?

Meine Dichter schrecken alle Welt auf aus ihrer *Gemütlichkeit*. Sie denken, das ist eine von ihren Missionen.

Das schon. Das merkt man gleich, wenn man sie liest. Man ist sofort nervös und lernt etwas. Aber ich meine mehr die private eigene Gemütlichkeit, die sie nötig haben, deine Dichter.

Nun ja, die brauchen sie natürlich. Die lassen sie sich auch nicht nehmen.

In Princeton schon. Mich haben sie auch eingeladen. Nicht zu euch, nein. Zur *University Conference* nach euch und mit euch. Irgend jemand dort ist nicht

ganz bei sich: ich und University , ich und Conference.
Ich bin *Freddy*, nicht Caruso.

Sie werden gemerkt haben, wie dringend sie Freddy
brauchen.

Erzähl mir jetzt alles über den Verein für das
Deutschtum im Ausland. – Er hielt mir sein Glas hin.

Der ist zwar nicht gegründet worden von deutschen
Schulkindern, aber deutsche Schulkinder haben ihn fi-
nanziert. Nach dem Ersten Weltkrieg haben plötzlich
viele Deutsche nicht mehr im eigenen Land gelebt,
weil ihr Stück Land abgetrennt war. Denen also sollte
geholfen werden, deutsch zu bleiben: Schulen, undso-
weiter. Sofort fiel jemandem ein, daß fast überall auf
der Welt Deutsche leben. Die wollten doch bestimmt
auch deutsch bleiben. Also wurden in jeder Schule alle
Kinder zur Mitgliedschaft verlockt und zahlten pro
Nase und Monat zehn, zwanzig Pfennige Beitrag.

Sydney hatte sich zurückgelehnt und die Augen geschlossen. Immer noch hielt er sein Glas hin. – Das ist
lange nicht so amüsant, wie ich gehofft habe.

Es hat starke Gefühle freigesetzt. Wir hatten einen
blauen Wimpel, auf dem stand VDA, und sangen ein
Wimpellied und hatten eine Zeitschrift namens *Jung
Roland*, in der stand links unter dem Text:

An Zucker sparen? Grundverkehrt!
Der Körper braucht ihn - Zucker nährt!

Rechts unter dem Text las man:

Wir haben alle nur eine Tendenz:
Da draußen brennts!

Das ist schon besser. Mein Glas ist immer noch leer.
Zwei sind genug gewesen.

Das waren keine zwei. Kannst du wenigstens noch dieses Wimpellied? Langsam bitte, wegen mein Deutsch.

Möglicherweise. Jedenfalls die erste Strophe. Vielleicht. Ich schloß die Augen und hörte mich singen, falsch natürlich:

Blau wie der Himmelsbogen
Hoch über deutschem Land,
Blau wie die Meereswogen
Am Nord- und Ostseestrand,
Blau wie die kleinen Blumen
Am Wald- und Wiesenrain:
So blau und weithin leuchtend
Soll unser Wimpel sein!

Guter Gott, sagte Sydney.

Es waren, glaube ich, sechs Strophen. Eine kann ich bestimmt noch.

Nicht jetzt, lieber nächste Woche. Aber alle Strophen solltest du Montag in Princeton vortragen. Unsere Elite kann davon gar nicht genug bekommen. *Kulttext* nennt sie das oder *verschlüsselte Botschaft*. Gib mir noch was.

Es bekommt dir bestimmt nicht.

Dann fahr doch nach Princeton, da gehörst du hin. – Sydney war müde und wollte ins Bett, aber nicht vor meinen Augen. Ich goß ihm ein und machte mich auf. Als ich die Tür in die Hand nahm, sagte er: Falls er da ist, Herrn Schnabel lasse ich grüßen.

Woher kennst du Schnabel?

Den kann ich leiden. Das ist ein Edelmann.

Sydney erhob sich und legte den Morgenrock ab.

Ich machte die Tür von außen zu. Die Zeit in der Taxe und dann im Bus habe ich damit zugebracht, über Sydneys Ritterschlag nachzudenken. Gibt es unter Schriftstellern überhaupt Damen und Herren von natürlichem Adel? Nicht viele, das stand fest. Eine große Dame, ein Herr, nehmt alles nur in allem? Gewiß nicht George, gewiß nicht Hauptmann, überhaupt kein Möchtegern. Woran also zu messen? An der Selbstdisziplin, die noch übrigbleibt, wenn geschöpft worden ist? Eher an der inneren Freiheit, an guten Manieren, an Courage. Ricarda Huch, kein Zweifel. Klepper, vielleicht. Im Präsens neben Schnabel allenfalls vier: Wolfgang Hildesheimer, Erwin Wickert, Peter Weiß, Paul Celan. Wobei zu überlegen wäre, ob das Tröpfchen Noblesse der Kunst nicht eher hinderlich ist.

Mitten in Amerika vor einem Motel hielt der Bus. Rot leuchtend stand geschrieben auf dem Schild am Motel-Mast *Welcome Gruppe 47*. Wenn das kein Endzeitsymbol war. Undankbar war mir zumute: Vor dem *Adler* etwa in Großholzleute hat dergleichen nicht gestanden; den *Adler*-Saal hat Günter Grass betreten als immer noch junger und hoffnungsvoller Lyriker und eine Stunde später verlassen als Leitfossil.

Die Arbeitstagung geriet zu einer ganz ordentlichen Vorstellung davon, wie eine Arbeitstagung aussieht. Was neunzehn Jahre lang geübt war, wird nicht gleich aus dem Geleise geworfen im zwanzigsten. Jedermann funktionierte zufriedenstellend: Richter, die Autoren, die Kritiker. Sehnsüchtig und vergebens geschnuppert nach europäischem Stallgeruch wurde im Unterbewußtsein. Niemals ließen die amerikanischen Gastgeber ihre selbstbewußten Gäste merken, wie merkwürdig diese Gäste sich ausnahmen in Princetons schon längere Zeit heiligen Hallen. *VIETNAM* flammte als ständiges Wetterleuchten, mit mehr freigesetzter Energie als amerikanischer Seelenruhe bekömmlich.

Jedoch, starke Bewegung blieb aus. Des jungen Debütanten Peter Handke Aufschrei wider die Gruppe im Sinne *Alles Scheiße!* ist aufregend gewesen allenfalls für den Urheber. Mir verhalf dieser Auftritt zu meiner einzigen Fußnote eines Literaturhistörchens: Freundlicherweise hat Handke beharrlich behauptet, dies sei ein spontaner Ausbruch gewesen aus vollem Herzen. Ich habe neben dem adretten Twen P. H. an jenem Nachmittag gesessen. Nicht zu überhören war, wie er auf seinem Stuhl herumzuwetzen begann, und gar nicht zu übersehen, wie er immer wieder sein volles Zettelchen konsultierte. Endlich bekam er das Wort mit dem bekannten Effekt, und nun muß es endlich heraus: von wegen *spontan*. Sorgsam präpariert vom Blatt gezürnt hat Peter Handke zu Princeton, und warum denn auch nicht, schließlich, es ging ja nicht um eine Sache, sondern um Handke, einen später ganz interessanten Autor.

Ernst Schnabel, einst Kanakenkapitän in der Südsee, später Intendant des Nordwestdeutschen Rundfunks zu Hamburg, nahm Sydneys Grüße beunruhigt entgegen und mit Kummer. Daß es ihn bewegte, war zu hören an sächsischen Untertönen. Ein bißchen gefährlich hat er immer leben wollen, sagte er. Dafür war man gut aufgehoben in seinen Geschichten.

Das klingt wie ein Nachruf.

Das soll keiner sein.

Rekordleistungen in atemberaubend perfekter Unverbindlichkeit ergab die *University Conference*. Die deutsche Mannschaft, das darf man schon sagen, erwies sich ja als durchaus ebenbürtig den attraktiven Amerikanern. Jedermann war glücklich über das schön ausgewogene Unentschieden. Selten wurde dermaßen klar, daß solche Großgespräche in einer Beziehung nicht weniger Gewicht haben als etwa die Kernspaltung: Sie sind die originale Schöpfung unseres Jahrhunderts; sie werden erhalten bleiben den Nachkommen und noch nach Jahrhunderten die Sorte Schöpferkraft bezeugen unseres Saeculums. Die Übersiedlung nach New York war nun wohlverdient; schöne Aufregungen warteten dort und die intellektuelle Sektion der eingeborenen Schikkeria, prachtvolle Vitalität in so manchem Salon, Warhols Happening und das Guggenheim Museum, dazu reisende Damen wie die eifrige Verlegerin Feltrinelli aus Schwabing oder die Abgeordnete Hildegard Brücher. Jene befragte mich, wie lange ich noch verharren würde bei der *Welt*, forderte aber sogleich zu der Erkundigung auf, wie lange sie noch zu weilen gedächte bei der FDP. Diese Fragen stehen, besser kann man es nicht sagen, noch hier und heute im Raum.

Diesmal im *Caledonian Hotel* bremste der Portier. Feierlich befragte er eine Liste, flüsterte sodann ins Telefon und sagte am Ende mit Sorge im Gesicht, wenn ich unbedingt wollte, dann möchte ich doch hinaufgehen. Vor Sydneys Zimmertür traf ich Ernst Schnabel. In seinen Mantel fuhr er, zog ihn zurecht und sah mich wortlos an.

Wie geht es ihm?

Schlecht sieht er aus. Schwach sieht er aus. Vorhin ist eine Krankenschwester dagewesen. Aber wie es ihm geht, das weiß ich nicht. Er wartet schon auf Sie.

Sie klingen reichlich unbestimmt.

Das ist Absicht. Erzählen Sie mir bei Gelegenheit, wie's gewesen ist. - *Tschau!* rief er noch, ehe er im Lift verschwand. Er war schon über fünfzig; trotzdem stand ihm das ganz gut.

Wenig Licht ließ die heruntergelassene Jalousie ins Zimmer. Flach ausgestreckt auf dem Rücken lag Sydney, ausgestreckt bis in alle zehn Finger. Zu schlafen schien er. Auf dem Stuhl am Bett ließ ich mich nieder und schlief auch ein, für zwei Minuten oder drei. Ein offenes Auge von ihm konnte ich erkennen, als ich die Augen öffnete. Das andere hielt er mit der Hand zu.

Ich habe einen Mann gekannt, sagte er, der machte das sein Leben lang. Nicht mit der Hand natürlich, mit einer Augenklappe, mal rechts, mal links. Er hat geglaubt, dann sieht er viel länger viel schärfer. Viel zu früh in seinem Leben ist er ertrunken. Ich bin aber nicht sicher, ob er tatsächlich länger schärfer hätte sehen können. Richtig ausprobiert hat es niemand sonst. Hat es eigentlich Spaß gemacht?

Es ging so. Zwei Wochen danach ist es dann immer schöner gewesen, als es war.

Ich meine nicht deine Dichter. Die hat Herr Schnabel mir schon geliefert. Ich meine deinen Verein für das Deutschtum im Ausland.

Da war es ähnlich. Das einzige Mal, als wir mit dem Wimpel losgezogen sind, haben wir nachts im Heu geschlafen. Ich bin sehr allergisch auf Heublumen und Pollen. Aber nach ein paar Wochen war es eine fabelhafte Erinnerung.

Sonst hat es nichts gegeben?

Am nächsten Morgen habe ich durch einen kompletten Feldgottesdienst hindurch geniest. Danach kam Herr Geßler, der war unser Vorsitzender, Reichswehrminister außer Dienst. Er stand unter der Dorfeiche. Kurz und kernig hat er geredet und endete mit den Worten: *Laßt vom Streite der Parteien.* In diesem Augenblick haute ein schöner junger Mann auf seine Landsknechtspauke, und wir sangen alle das Lied.

Blau wie der Bogenhimmel?

Wie der Himmelsbogen. Nein. Ein anderes Lied.

Sags auf. – Sydneys Stimme war schwach geworden.

Laßt vom Streite der Parteien,
Die ihr eines Blutes seid.
Unser Bund schließt seine Reihen
Über allem Tagesstreit.
Uns vereinigt stets von neuem
Heil'ger Opferwille nur:
Wir sind Front der Stammestreue:
Deutsch zu deutsch ist unser Schwur!

Vielen Dank, sagte Sydney. Sehr freundlich und interessant. Alles habe ich natürlich nicht verstanden.

Vom Streite der Parteien haben wir dann ja tatsächlich gelassen, knapp ein Jahr nach diesem Lied.

Ich werde auch nicht weiter fragen, sagte Sydney. Zieh bitte die Jalousien hoch. Ich möchte nicht im Dunkeln heimgehen.

Sydney…

Mach schon. Und vergiß den Satz nicht. Jeder Mensch hat das Recht auf ein letztes Wort.

Ich zog die Jalousien hoch und sagte es dann doch: Goethe war da kürzer.

Weiß ich, sagte Sydney. *Mehr Licht!* Da habe ich es ja her. – Er schloß wieder die Augen, und es wurde drinnen sehr still. Draußen wusch Aprilregen geräuschvoll die staubige Stadt.

Nach einiger Zeit atmete Sydney durch. – Ein Jammer, daß Vormittag ist, vormittags trinke ich nie. Es ist auch nichts da. Den letzten Glenfiddich habe ich Herrn Schnabel angeboten, aber er hat ihn nicht gewollt. Heute ist doch Dienstag?

Dienstag vormittag.

Neulich war Donnerstag. Donnerstag wollte ich sterben. Das heißt, ich war nicht unbedingt dagegen. Inzwischen ist meine neue Frau hier gewesen. Ich hab ihr noch nicht alles gesagt, was ich sagen muß. Frühling wird es auch. Hast du deinen Dichtern vorgelesen?

Ich bin ganz schön durchgefallen.

Das macht nichts. Sterben will ich jetzt nicht mehr, aber ernst werden will ich. Sehr ernst. Unsere Postkarten: fini. Wenn du diesen Freddy siehst, grüß ihn, aber nur so. Nein, es tut mir leid, ich werde nicht sterben, aber schreib meine letzten Worte auf.

Den Gruß an Freddy habe ich ausgerichtet, auf der *Hanseatic*. Der Künstler konnte sich an Sydney nicht erinnern und bedauerte das.

Schnabel traf ich auf dem Frankfurter Flughafen. Er hatte keine geschwollenen Füße, weil er Mitglied war des Clipper Clubs. – Und? fragte er.

Er hat uns verschaukelt, sagte ich.

Ich war nicht ganz sicher. Mir war so, aber ganz sicher bin ich nicht gewesen. Der wird uns alle überleben um ein gutes Jahrhundert.

Für meinen Artikel über New York habe ich einen hübschen Preis bekommen, obwohl ich darin Sydney Porter weggelassen habe, was mir heute natürlich sehr leid tut.

Nach Schwerin fährt jeder

Entfernt erinnert der Schwung eines Volksarmee-Mantels an deutsche Männermode um 1930: So waren Herrenfahrer angetan, wenn sie ans Steuer sich wuchteten ihres Horch, Wanderer, Maybach. Auch die Dienstmütze nimmt plötzlich vage historisch sich aus, müßte modifiziert werden für unsere Tage. So vieles existiert hier noch auf Zeit, manche sagen *nur noch*. Knapp zurecht kamen wir für einen nach innen gewendeten Roten namens Modrow, doch abgewählt war er schon. Das kommt davon, wenn man weit weg wohnt. Jeder Mensch aus der Gegend um Hamburg war längst in Schwerin gewesen und spätestens zum Abendessen wieder zu Hause, Zeichen setzen für die Menschen in der DDR, eine unvergeßliche Andacht im Dom, ein Rundgespräch, eine kleine Reportage, ein paar Fotos, und dann der Wahlkampf. Schlichte Bürger wie wir aber haben auch zu Tausenden sich aufgemacht: bloß so, weil es nun möglich war.

Belohnt wurden wir am kargen Kontrollpunkt bei Mustin, neu eingerichtet, da Bedarf, mit einem ganz ungewohnten Zonengrenzerlebnis: Er lächelte, der Mann im Mantel unter der Mütze, wehrte ab unsere eifrig hingestreckten Pässe, wünschte *Angenehmen Aufenthalt*. Nicht einmal, wie mit Sicherheit erwartet, Ärger wegen der britischen Autonummer; das schuf etwas innere Leere. Das Wetter mäßig, die Straße schmal, *Paß auf mit dem Sommerweg*. Wieviele Jahrzehnte hast du das Wort nicht mehr benutzt, *Sommerweg*? Ungemein französisch geradeaus gingen Straße und Weg: *Ut de Franzosentid*, Bony was here, Herzogliche Gnaden vorübergehend außer Landes.

Hätte den Fritz Reuter aus Stavenhagen die *Freie Akademie der Künste in Hamburg* als ihr Mitglied aufgenommen, geehrt, behütet? Ich hoffe es. Gewiß, der Mann schrieb Platt, doch was für eines. Schwieriger, daß er Mitglied gewesen ist der verbotenen Burschenschaft, Hochverräter mithin, in Berlin verurteilt zum Tode, begnadigt später auf dreißig Jahre Festung. Sieben davon hat er absitzen müssen in Preußen und Mecklenburg, gestraft fuer *Ehre, Freiheit, Vaterland*. Was heißt und zu welchem Ende studiert man Universalgeschichte? Hätte in der Sektion Literatur wohl neben Reuter Herr Hebbel gesessen aus Wesselburen? Der freilich ließ Hamburg im Stich samt der armen Elise, die dort ihn ernährte. Nach Wien verzog er. Müßige Denkspielereien, während man zu achten hat auf den Sommerweg – nicht hundertvierzig Jahre alt wird die Akademie diesen Juni, sondern vierzig, nördlich mit einem Schuß Barlach wie ihr erster Präsident und frei dazu, also offen für alle Himmelsrichtungen.

Die Straße mit dem Sommerweg endet in Gadebusch, nicht weit von der Königskapelle, in der seit sechs Jahrhunderten ein Mecklenburger Herzog ruht namens Albrecht, und es handelt sich um König Albrecht von Schweden. Ich wollte immer mal hingehen und Reverenz erweisen, rein aus Zuneigung für Verlierer und kleine Versehen während der Universalgeschichte. Angelockt hatten die Schweden den Herzog und zu ihrem König gekrönt mit allem Zubehör, doch wenig später und durchaus bei seinen Lebzeiten haben sie ihn rausgeschmissen und einfach jemand anderen gekrönt. Diesmal wird nichts aus dem Gruftbesuch, zu nahe ist nun Schwerin, immer geradeaus die Straße 104. Sie führt, was man ihr nicht ansieht, durch eine Scharmützelgegend, in der Jahrhundert um Jahrhundert fast alle europäischen Schlagetote aufeinander losgegangen sind. Beim Dorf Rosenow beispielsweise traf – noch ein Poet – den Leutnant T. Körner die Kugel eines Wachsoldaten vom französischen Nachschub.

Zehn Kilometer später sagte Frau F.: Hab dich nicht so, Stadteinfahrten sind meistens scheußlich. – Nicht eigentlich wegen der Einfahrt hatte ich mich. Als kurz erwies der Vorstoß sich zum Zentrum samt glücklicherweise Seeufer, und Wasser ist ewig, braucht frischen Anstrich nicht. Jedoch, an Land: Was für ein Signal des *real existierenden Sozialismus*, diese heillose Vernachlässigung, diese permanente Demütigung der Bürger nach Plan. Vor drei und selbst zwei Jahrzehnten haben Orte in diesem Teil Deutschlands Kindheitsstädte vorgetäuscht von Leuten meines Alters: bröselnder Charme des scheinbar Unveränderten. Vorüber – und für den Augenblick, wo ein Haus herumsteht im Normalzustand, da sieht es aus nach unrecht Gut und

SED-Bonzen. Daß der schönen Stadt Schwerin gutes Knochengerüst noch zu erkennen ist unter dem Verfall, das spricht ungemein für längst gestorbene Bürger und Herzöge.

Immer noch ist etwas Vormittag übrig, Urgroßvater, Großvater, Stadt, Seen, Schloß und was noch alles. Doch zur Sicherheit erst Hotel. Frau F., wie sie das gewohnt ist, wünscht vorher die Zimmer zu sehen. Das sei, sagen gekränkt die Damen im Staatsbetrieb *Hotel Stadt Schwerin*, hier nicht üblich. – Warum nicht? fragt Frau F. – Es tut doch nicht weh, meint Herr F.

Nach vier Minuten Meinungsaustausch (und vier Minuten sind lang) macht Frau F. mit Begleitung sich auf, die Zimmer zu besichtigen, Schlafzelle und Naßzelle. Die Begleitung wird menschlich und teilt mit, in zwölf Jahren Hotelexistenz habe eine Vorbesichtigung noch nie jemand verlangt. Durch stark verschmutzte Fenster Ausblick auf einen trostlosen Wirtschaftshof. Sodann erledigte ich, wie vorgeschrieben in der *Hotel-Ordnung*, eine *ordnungsgemäße Anmeldung beim Empfang* und empfing *für das gemietete Zimmer und den Mietzeitraum* einen *Hotelausweis*. Erschöpft flohen wir in unser Auto und mit ihm ohne Sinn, Verstand oder Blick auf einen Plan einfach in die Stadt hinein.

Halt mal an und sieh nach, wo wir sind, sagte Frau F. – Kann nicht, sagte ich, und fuhr um mehrere Ecken, hinter mir geduldige eingesessene Automobilchen. Ein Platz tat sich auf rund um eine Kirche, da war auf holperigem Pflaster genügend Kantstein frei zum Parken. Auf der Bank unter Linden saß ein Mann mit Schiffermütze, der hatte ein kleines Radio in der Hand und sah glücklich aus. Später kam ein anderer Mann mit Schiffermütze, und sie gingen weg, Hand in Hand, ein unbestimmt rührender Anblick. Spät haben wir begriffen, der erste Mann war blind.

Nie zuvor hatte ich Schwerin gesehen, und Kirchtürme gibt es dort eine ganze Menge. Der Dom war dies wohl nicht. Vom Auto aus schien des Gotteshauses Hinterseite barock gerundet. Barock, daß wußte ich, war St. Nikolai, genannt *Schelfkirche*, darin Urgroßvater, Hauptpastor und Garnisonsprediger Heinrich Alexander Seidel das Wort verkündet hatte vor hundertvierzig Jahren. Am Seil der Betglocke zerrte abends nach Kräften Großvater Heinrich Seidel, knapp zehn Jahre alt, *der einzige Junge in der ganzen Stadt, der solches tun durfte.*

Etwas Sülzfleizch hatten wir rasch gegessen, morgens in Mölln gekauft. Ich stieg aus und sah mich um. Auf einer Tafel am zerfurchten Eckhaus der Kirchenstraße wurde gedacht des Komponisten und Hoftheaterintendanten Friedrich von Flotow. Der aber ging, so hatte Großvater notiert, jeden Morgen zur Arbeit über den *Schelfkirchhof*, schon damals unter Linden ein offener Platz rund um die Kirche, ideal für Kinderspiele wie Knöpfewerfen, Murmeln, Wettrennen, Kreisball, Sauball.

Die beiden kleinen Jungs, mit denen tief im Gespräch ich Frau F. vorfand, kaum daß sie mein *Hier sind wir richtig* mitbekam, diskutierten lieber Automarken und ausländische Kennzeichen. Einer sah aus, wie man auch in meiner Familie als Zehnjähriger aussieht, Heinrich S., Modell 1990. Es war ein erfrischendes

Gespräch. Wir gingen dann, das Modell 1850 zu suchen, und fanden seine Jugendjahre erwähnt gegenüber vom Kirchportal auf einer Tafel. Das alte Fach-
werk-Pfarrhaus bat schweigend ehrwürdig weniger um
Lohn als um gute Behandlung. Es hat sie nötig und
bekommt sie auch, zur Zeit inwendig. Dort fanden wir
inmitten von Kirchverwaltungs-Möbelstücken, die
Urgroßvater noch gekannt haben müssen, den Küster.

Er seinerseits kannte Urgroßvater auch, war jung
und ganz anders als einst in Berlin der Küster meines
Vaters, der aussah wie Wilhelm Zwo und mit Damast
den Abendmahlskelch abwischte. Ein freundlicher, gescheiter Mensch, der Schelf-Küster, ein informierter
Gummiball, freier Mann wie nur einer, *Das Volk* vom
November Neunundachtzig, mithin nach meinem
deutschen Lexikon *Die Zukunft*. Die von seinem
Schlag werden friedfertig noch hübsch viel Unruhe
machen links und rechts vom Rhein, und ich werde bei
weitem nicht alles davon miterleben dürfen.

In die Kirche hat er uns geführt. Durch ein noch
nicht ersetztes Fenster war für Großvater ein reichlich
frühes Rotkehlchen zu hören. Drinnen stand Urgroßvater frierend auf seiner Kanzel. Er hatte es auf der
Brust, doch nicht auf der Stimme, die trug stets weit.
Kanzel, Gestühl und Wandverkleidung sind nicht barock, Urgroßvaters Herzog hat sie bezahlt – denn mit
dem, sagte der Küster, stand Urgroßvater so gut.
Hauchzart peinlich war mir das einen Lidschlag lang.
Dann fiel mir ein, daß jedermann es wieder erlaubt ist,
mit Herzoglicher Gnaden gut gestanden zu haben.
Mag das belächeln, wer im Abendland und in meiner

Generation ganz frei ist vom Karl-Marx-Syndrom, aber wer ist das schon?

Am Museum haben wir später geparkt, gegenüber von See, Schloßinsel und dem Liegeplatz der *Weißen Flotte*, wo die *Tallin* straff vertäut lag, während die *Völkerfreundschaft* ziemlich schwankte. Frisch gestrichen war hier alles. Dazu paßte ein höchst ansehnlicher Sowjet-Offizier, der den Dienstweg beschritt mit sehenswertem Aktenkoffer. Er war so vorzüglich uniformiert, daß wir keinen Blick von ihm ließen – und dabei Schritt für Schritt rückten wir in sein Blickfeld: Kennzeichen GB, offene Autotür, Dame in langem Mantel mit dunkler Brille; daneben lehnend mit verknotetem Trench-Gürtel und wegen Wind Schiebermütze (Wertheim, Berlin) Begleiter in schlechter Haltung.

Wie auch immer, plötzlich fuhr Sowjet-Hand an Sowjet-Mütze, ganz fabelhaft grüßend nicht etwa Herrn F., sondern Frau F. Dieselbe, schieres Bühnentraining, erst handeln, dann wundern, grüßte knapp und freundlich zurück, ganz wie der britische Armeegeneral (female) in Zivil von der Kontroll-Kommission, für den offenbar sie gehalten worden war. Verblüffend, lieb und reizend, doch etwas unheimlich wurde Frau F. mir doch. Kein Wunder, daß sie vorher die Zimmer hat sehen wollen.

Obwohl es verheißungsvoll roch nach frischem Sägemehl am Liegeplatz der *Weißen Flotte*, für den Zauber mecklenburgischer Gewässer war offiziell noch nicht Saison. Parkplatz und Grußpflicht vertauschten wir darum mit der *Heinrich-Seidel-Straße*, die auf der Karte idyllisch und kurz sich dehnt von der Wismarischen Straße hinunter zum Ziegel-Innensee, ganz wie das nächste Sträßchen, mit dem Andenken wachgehalten wird an John Brinckmann aus Rostock und sein reines Platt. J. B.s Sträßchen hat den bescheidenen vorstädtischen Charme, der vorzüglich angemessen wäre auch dem Andenken an H. S. Jedoch, die Straße mit Großvaters Namen: nun ja; je nun; also, als Enkel sozusagen kann man damit ganz glücklich nicht sein. Auch über die erzwungene Vernachlässigung hinaus sieht das meiste ausgesprochen unpoetisch aus.

Andererseits, in deprimierenden Sträßchen wohnen nach einer Langstrecke Diktatur sehr oft die angenehmsten Leute. Zudem, Großvater hatte viel übrig für Kontraste zwischen Umgebung und Person. Endlich: das dem See zugewandte Gärtchen vor dem Haus an der Ecke, diese Liebe zum Rosenzauber, die einen schwer erarbeiteten Triumph ankündigt – im Augenblick noch als perfekter Dornendom mit sonst nichts, aber wie wird das im Juni von Blüte schäumen und funkeln. Dankbar hat der Enkel geklingelt, doch es war niemand zu Hause.

Müde genug waren wir nun für das Monstrum am Bahnhofsplatz, auf dessen bewachten Eingang neben dem dito besetzten Ausgang der Gast so hastig zueilt, weil er dieses staatsgeplante Bauwerk von außen nicht mehr sehen möchte. Soll man es schlicht einordnen als Bonzensilo oder aber als strategisch geglückte Anlage zur Übernacht-Aufbewahrung von zu beobachtenden Personen? Die Fernsehgerätchen über den Betten funktionierten trotz heftiger Mechanikerbemühung knapp zehn Minuten lang, und nicht einmal für Klaustrophobie reichte der Platz in der Zelle. Frau F. hatte auf der Straße erlauscht, nicht jeder Schweriner habe Zugang zum Restaurant, sondern allein Auserwählte und immer noch dieselben, und die dürften dann für Ostmark, was andere nur für Westmark... Frau F. hatte entschieden, daß wir da nicht reingehen.

Ich schmökerte in der bereits zitierten Hotelordnung, fand noch manche Perle, etwa *schuldhafte grobe Verunreinigung bzw. Beschädigung*, was *unverzüglich beim Empfang* zu melden ist, und dann machten wir uns auf die Suche nach einem bißchen was zu essen. An der Tür des Restaurants *Niederländer Hof* (das war früher auch ein Hotel) standen die Leute Schlange. Auch anderswo in der sonst menschenleeren Nachtstadt waren Schlangen zu erkennen – Restaurant oder Kino? Am Ende gingen wir nahe beim Silo in das private *Bahnhofshotel*, Mäntel für zwanzig Pfennige bei der Portier-Dame abzugeben, die Gaststube gemütlich voll freundlicher älterer Leute. Auf der Karte Zigeunerkotelett, leider kein Bier, aber Cola. Wir fühlten uns wohl. Am Empfang im Silo fanden wir die Nachricht eines Herrn, der viel getan hat, um Großvater bekannt zu erhalten in Schwerin. Er hatte lange gewartet und würde morgen früh noch einmal vorbeikommen.

Nach dem Einschlafen trotz zweiter Tür Krach auf dem Gang von einem Haufen russischer Teenager: nix kultura, obwohl wir doch mittlerweile gewiß einig sind mit ihnen, daß überm Sternenzelt ein lieber Vater wohnen muß. Sodann eine Nacht voll geschnetzelter Träume, was stets auf wenig ruhiges Gemüt schließen läßt. Morgens von halb acht Uhr an die Erklärung dafür, daß die Hotel-Ordnung ungestraft den abreisenden Gast um zehn Uhr früh aus dem Zimmer jagen darf: permanenter Höllenlärm der eingerückten Putzkolonne macht möglichst frühe Flucht nur allzu attraktiv. Wir packten, entwichen ohne Frühstück und trafen Großvaters Freund lieber im Bahnhofshotel. Dort war es voll und volksnah von Gästen, Leberwurst mit der Hand, warum nicht.

Großvaters Freund und Dramaturg im staatlichen Theater fand uns prompt und hatte viel Verständnis dafür, daß wir die Halle des Bonzensilo verschmäht hatten. Er war auf dem Weg zur Goldenen Hochzeit seiner Eltern, weit weg gelegen, und mit Trabant: Dankbar waren wir für sein Geschenk an Zeit und Freundlichkeit. Er hat sogar Märchen von Großvater auf die Bühne gebracht. Seine Partei, die CDU, hat einen hübschen Wahlerfolg verbucht. Wieder dieses Gefühl von schönem Zukunftswind, wir Deutschen allesamt sind möglicherweise unersättlich, wenn es um Gefühle geht, allzu unersättlich, aber wann hat das letzte Mal jemand Zukunftswind verspürt, wenn die CDU einen hübschen Wahlerfolg verbucht hat? Er gab uns auch Hinweise, wie am leichtesten man Perlin erreicht, das Dorf, in dem Heinrich Alexander S. die Jungfrau Johanna gefreit hat aus dem nächsten Gutshaus und wo Heinrich S. gezeugt wurde und geboren.

Ein feuchter Morgen war das, und nicht allenthalben Zukunftswind. Vor dem Bahnhofshotel dicht am Kantstein hält die Schweriner Straßenbahn, da kann man nur rasch mal halten, die Gemahlin verstauen und entwetzen. Lange genug aber blieb ich doch, um Kummer zu spüren rund um die Portiersdamen, und Frau F. hatte beim Warten den Kummer auch ermittelt, Fenster im Parterre waren nächtens eingeschmissen worden, weil gestern abend kein Bier. Und man wußte durchaus, wer das gewesen ist. Und wollte es aber doch möglicherweise lieber nicht sagen. Das Leben ist noch lange nicht einfach, und das ist kein Scherz.

Nachrufe

Morgens lese ich im *Independant* die *Gazette*, nachmittags in der *Welt* von gestern die Todesanzeigen. *Gazette* enthält meistens Trost. Neben den Tagesläufen Ihrer Majestät und verwandter hoher Personen finden sich als Hauptstücke zwei oder drei Nachrufe; mindestens einer davon, oft aber gleich zwei, redet oder reden von verdienstvollen Verstorbenen, die wesentlich älter geworden sind als siebzig Jahre. Amüsantere Leute als in der *Times* sterben im *Independant*, aber selbst tote Jazztrompeter haben meistens beruhigend viele Jahre angesammelt. Als Ermutigung am besten wäre natürlich ein Blatt, das ausschließlich tote Generäle verzeichnet, steinalt fast alle: abgehärtetes Seelenleben, streng kanalisierte Geistestätigkeit, viel frische Luft und das permanente Bewußtsein erfüllter Pflicht – all das konserviert den strammen Greis, schafft exemplarische Fossilien.

Jedoch, nirgendwo in der deutschen Presse ist ernsthaft so etwas wie eine Kultur des Nachrufs entwickelt worden, zusammen mit ihrer attraktiven Balance zwischen Wahrheit und Ungesagt-sein-Lassen. Regelmäßig an vorgesehener Stelle läßt sparsam allein der

Spiegel heimgehen, und wer stürbe dort schon gern, er sei denn gänzlich ohne Fehl. Da wendet der Leser sich schon lieber dem täglichen Blatt zu und seinen geräumigen Todesanzeigen, dieser lukrativen Spezialität unserer Presse. Freilich, das ist gefährlicher als Spaziergänge in den Parkanlagen einer gepflegten Nachrufkultur. Auf hohes Alter kann man hier nicht zählen. Der nicht nachgerufene Mensch stirbt, wann er eben stirbt. Immer wieder stößt mein suchendes Auge seit einiger Zeit auf Verstorbene, die geboren wurden manches Jahr nach mir – das heißt, mein Auge stößt nicht, streift nur, gleitet rasch weiter, hat es gar nicht gesehen. Tage sind das, an denen macht die Sache wenig Spaß. Da ist man schon dankbar für einen Manager wenigstens in den Sechzigern, der gleich vierzehnmal hintereinander im Großformat *verstorben* ist: eine Häufung, die mir an besseren Tagen frevelhaft vorkommt, obwohl ich nicht weiß, an was hier gefrevelt wird.

Erwin Wickert
Erinnerung an einen Freund

Christian Ferbers wichtigstes Buch trägt den Titel »Die Seidels – Geschichte einer bürgerlichen Familie«. Es ist die Geschichte einer Familie mit literarischen Begabungen über anderthalb Jahrhunderte hinweg. Sie sind nun alle gestorben, doch Christian Ferber hat sie in seinem Buch noch einmal lebendig werden lassen – in ihren so verschiedenen Temperamenten, Eigenheiten, liebenswürdigen wie schwierigen Zügen, manche asketisch lebend und in eiserner Disziplin schreibend, andere bohémehaft durch das Leben wandernd: Mirl, Inas Schwester zum Beispiel, Schauspielerin, erst Geliebte Carl Zuckmayers, dann Frau eines reichen Holländers, darauf Frau des Verlegers Peter Suhrkamp. Oder den in die Familie reingeschmeckten Schulte-Strathaus, den Astrologen und Mitarbeiter von Rudolf Heß. Christian Ferber hat sie genau beobachtet, mit scharfem Blick für alles, das Gute wie das Böse. Er schildert sie, wie er sie erlebt hatte oder wie sie sich in Tagebuchaufzeichnungen, Briefen und ihren Werken darstellten. So objektiv, wie es ihm möglich war.

Der erste Literat, der in der Saga erscheint, war der Pfarrer Heinrich Alexander Seidel, im Jahr 1811 in Mecklenburg geboren. Er schrieb Kirchenlieder, aber auch eine damals beliebte »Volkserzählung« ein mecklenbur-

gisches Dorf betreffend. Als er 1861 starb, hinterließ er
»als geistlicher Dichter einen in weiten Kreisen geachte-
ten Namen«.

Sein Sohn Heinrich Seidel wurde als Ingenieur und
Baumeister bekannt. Er hatte die Halle des Anhalter
Bahnhofs in Berlin durch ein freitragendes Dach mit einer damals unerhörten Spannweite überwölbt. Dann aber
hatte er seinen Ingenieursberuf an den Nagel gehängt
und Romane geschrieben. Er wurde noch berühmter, am
berühmtesten durch seinen dreibändigen humoristischen
Berliner Roman »Leberecht Hühnchen«.

Heinrich Wolfgang, sein Sohn, wurde Pfarrer wie sein
Großvater; er heiratete seine Kusine Ina. Auch sie wurden
beide durch ihre Romane, Erzählungen und Gedichte bekannt, ja berühmter noch als der Autor von »Leberecht
Hühnchen«.

Georg Seidel, ihr Sohn, der Letzte aus jener literarischen Familie, war ein begabter Erzähler, der zwar auch
Romane veröffentlichte, vor allem aber durch seine litera-
turkritischen und feuilletonistischen Artikel bekannt wurde. Er starb am 26. Juni 1992 in England.

Christian Ferber erwähnt auch ihn in seiner Sage der
Seidels, aber er bleibt unter all den so deutlich geschil-
derten Seidels verhältnismäßig blaß. Er steht im Schatten
der Mutter, der berühmtesten und wohl auch bedeutend-
sten unter den Autoren der Familie. Ihre und seine
Lebensgeschichte gehören zusammen. »No man is an
island, entire of itself«, schreibt John Donne.

Christian Ferber sprach nie viel von sich selbst, daher
hat er auch Georg Seidel nur angedeutet. Und dennoch
spürt man, daß es diesem letzten Erben schwer wurde,
sich aus dem Schatten der Familie, der Mutter vor allem,
zu lösen. Denn auch er wollte in der Tradition der Familie
bleiben, wollte schreiben, denn das konnte er. Er hat es

später allen bewiesen, auch der Mutter. Doch sie glaubte wohl nicht so recht daran; sie überredete ihn, als Lektor im Verlag Reinhard Piper anzufangen, um einmal selbst Verleger zu werden.

Doch danach stand Georg Seidel nicht der Sinn. Er arbeitete zwar drei Jahre im Lektorat des Piper-Verlages, wurde Verlagsbuchhändler, begann aber bald zu schreiben. Anfang der fünfziger Jahre nahm er den Namen Simon Glas an, trat damit aus dem Schatten der bewunderten und verehrten Mutter und veröffentlichte drei Romane, »Das Netz«, »Die schwachen Punkte« und »Jeder, wie er kann«. Sie machten ihn bekannt, obwohl er in ihnen erst seine Themen und seine Sprache suchte; sie unterschieden sich in ihrem heiter-ernsten, unterhaltsamen, leicht ironischen Stil und listigen Humor sehr von den mächtigen, schwerblütigen, streng komponierten Romanen seiner Mutter Ina Seidel. Natürlich erreichte er nicht solche Auflagen wie sie, deren Roman »Das Wunschkind« auf eine Million und hunderttausend Exemplare kam. Auch sie hatte mit nur kleinen Auflagen angefangen.

Doch nun hatte er sich aus ihrem Schatten gelöst, und es traf ihn, er zuckte zusammen, wenn ihn einer, der Verleger Ledig-Rowohlt zum Beispiel einmal seinem Gast Tanja Blixen, als »das Wunschkind« vorstellte.

Er wohnte, nachdem er aus britischer Kriegsgefangenschaft zurückgekehrt war, noch lange im Hause seiner Mutter in Starnberg. Sie war nach einer Krankheit lange vor seiner Geburt schwerbehindert, ein Bein war versteift. Sie hinkte. Er liebte seine Mutter, konnte sich nur schwer von ihr lösen. Neben Verlagsarbeit, Universität, eigenem Schreiben diente er ihr als Chauffeur, als Sekretär, als Hausmann, und es bereitete ihm Schmerzen, sich zu emanzipieren, sie zurückzulassen; aber in ihrem Schatten konnte er sich nicht entfalten oder – wie man heute sagen würde – sich verwirklichen.

Mit Beklemmung liest man, wenn er schreibt, wie er den schwer hinkenden Schritt seiner Mutter von ferne näherkommen hört, und man spürt, ohne daß er das auch nur andeutet, wie sein Herz klopft. Angst.

Nein, nicht nur Angst; so einfach war das Verhältnis nicht. Sie stand beunruhigend und erdrückend über ihm. »Matriarchat« überschreibt er den zweiten Teil seines Buches über »Die Seidels«, in dem sie die Hauptperson ist. Sie beherrschte die Familie. Er verehrte sie, er liebte sie, er verstand sie, und er verteidigte sie.

Er verschweigt keineswegs das Gedicht, das sie im Jahre 1939 zu Hitlers fünfzigsten Geburtstag geschrieben hatte. Er veröffentlicht es noch einmal ungekürzt. »Ein schlechtes Gedicht über einen Hitler, den es nicht gab«, schreibt der Sohn und fährt fort: »Nur Monate nach der Niederschrift wurde ihr klar, daß sie sich geirrt hatte. Im Lauf des Jahres 1939 wuchs mit ihrer Angst auch ihre Fähigkeit zu politischer Erkenntnis – und damit eine tiefe Verzweiflung über ihre Blindheit.«

Vielleicht war es dies, aber darüber hinaus auch ihre Verletzbarkeit, ihre körperliche Behinderung, ihre Unkenntnis der Welt nach dem Zweiten Weltkrieg, das ihn zwang, lange an ihrer Seite zu bleiben, sich nicht von ihr zu entfernen. Der Egoismus der alternden Matriarchin mag dieses Gefühl der Verpflichtung noch gefördert haben.

Schade, daß er nicht bei Büchern blieb. Vielleicht aber sah er auch, daß der Abstand zu den großen Romanen der Mutter noch beträchtlich und entmutigend war. Immerhin, er war nun in der literarischen Szene, der Kritik allerdings, und er landete beim Feuilleton, erst der »Neuen Zeitung«, später bei der »Welt«.